清代
帝国余晖

◎ 主编 金开诚

◎ 编著 于元

吉林出版集团
吉林文史出版社

图书在版编目（CIP）数据

清代：帝国余晖 / 金开诚著. —— 长春：吉林文史出版社，
2011.10 (2023.4重印)
（中国文化知识读本）
ISBN 978—7—5472—0874—8

I . ①清⋯ II . ①金⋯ III . ①中国历史－清代
IV . ①K249

中国版本图书馆CIP数据核字 (2011) 第209632号

清代——帝国余晖

QINGDAI DIGUO YUHUI

主编/金开诚 编著/于 元
项目负责/崔博华 责任编辑/崔博华 刘姝君
责任校对/刘姝君 装帧设计/李岩冰 李宝印
出版发行/吉林出版集团有限责任公司 吉林文史出版社
地址/长春市福祉大路5788号 邮编/130000
印刷/天津市天玺印务有限公司
版次/2011年10月第1版 印次/2023年4月第3次印刷
开本/660mm×915mm 1/16
印张/9 字数/30千
书号/ISBN 978—7—5472—0874—8
定价/34.80元

前　言

　　文化是一种社会现象，是人类物质文明和精神文明有机融合的产物；同时又是一种历史现象，是社会的历史沉积。当今世界，随着经济全球化进程的加快，人们也越来越重视本民族的文化。我们只有加强对本民族文化的继承和创新，才能更好地弘扬民族精神，增强民族凝聚力。历史经验告诉我们，任何一个民族要想屹立于世界民族之林，必须具有自尊、自信、自强的民族意识。文化是维系一个民族生存和发展的强大动力。一个民族的存在依赖文化，文化的解体就是一个民族的消亡。

　　随着我国综合国力的日益强大，广大民众对重塑民族自尊心和自豪感的愿望日益迫切。作为民族大家庭中的一员，将源远流长、博大精深的中国文化继承并传播给广大群众，特别是青年一代，是我们出版人义不容辞的责任。

　　本套丛书是由吉林文史出版社组织国内知名专家学者编写的一套旨在传播中华五千年优秀传统文化，提高全民文化修养的大型知识读本。该书在深入挖掘和整理中华优秀传统文化成果的同时，结合社会发展，注入了时代精神。书中优美生动的文字、简明通俗的语言、图文并茂的形式，把中国文化中的物态文化、制度文化、行为文化、精神文化等知识要点全面展示给读者。点点滴滴的文化知识仿佛颗颗繁星，组成了灿烂辉煌的中国文化的天穹。

　　希望本书能为弘扬中华五千年优秀传统文化、增强各民族团结、构建社会主义和谐社会尽一份绵薄之力，也坚信我们的中华民族一定能够早日实现伟大复兴！

目录

一、入主中原

（一）清太祖努尔哈赤

努尔哈赤是后金的创建者，于明世宗嘉靖三十八年（1559年）生于赫图阿拉城（即兴京，今辽宁省抚顺市新宾县）。

北宋末年，女真完颜等部建立金国，从东北迁入黄河流域。另外一些女真部落仍留居东北，在明朝初年分为海西、建州、东海三大部。后金就是居住在我国长白山一带的女真族建州部在明朝末年建立的政权。

努尔哈赤出身武将家庭，祖父觉昌安、父亲塔克世是明朝建州左卫指挥。努尔哈赤幼年丧母，继母为人十分刻薄，家庭不和睦，兄弟闹分家。父亲塔克世在继母的挑唆下，分给努尔哈赤的产业极少，难以维持生活。青少年时代的努尔哈赤吃尽了苦，不得不采蘑菇，捡榛子，拾松子，挖人参，摘木耳，然后将这些东西运到抚顺去卖。不幸的童年让努尔哈赤饱受磨难，了解了社会，也大开眼界，并树立了雄心壮志。

明神宗万历十一年至十六年（1583—1588年）间，努尔哈赤靠武力统一了建州各部，接着又合并了海西与东海两大部，控制了东到大海、西到明朝辽东辖区、南到鸭绿江、北到黑龙江的广大地区。

万历四十四年（1616年），努尔哈赤

建立后金，称金国大汗，年号天命，以赫图阿拉为都城。

万历四十六年（1618年），努尔哈赤召开誓师大会，然后率军攻打明朝，要灭掉明朝，统一全国。

战前，努尔哈赤写信给抚顺明军守将，劝他投降。守将李永芳一看后金军来势凶猛，没有抵抗就投降了。明朝辽东巡抚派兵救援抚顺，在半路上被后金军击

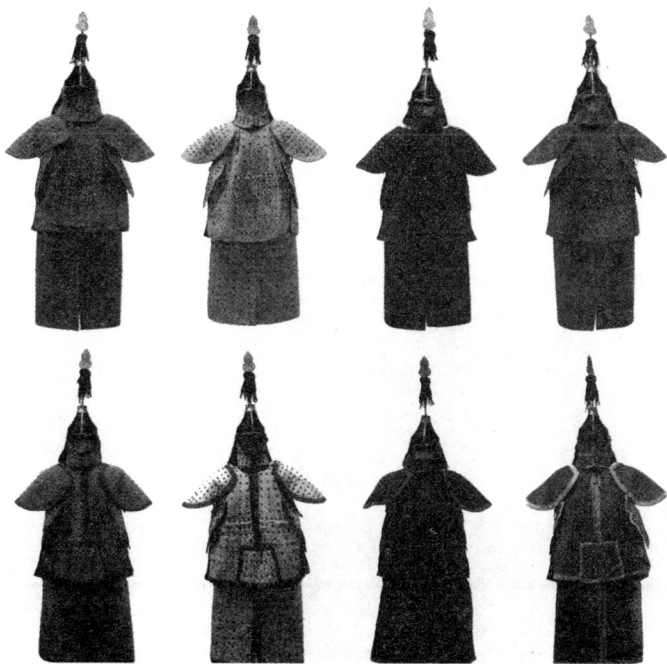

败。努尔哈赤下令毁了抚顺城，带着大批
战利品回到赫图阿拉。

消息传到北京，明神宗勃然大怒，立
即派大臣杨镐为辽东经略，讨伐后金。杨
镐集中了10万人马，号称47万大军，分兵
四路进攻赫图阿拉。

杨镐与诸将议定，总兵刘铤为东路，
总兵马林为北路，总兵杜松为西路，总兵
李如柏为南路。其中以西路杜松为主力，
杨镐坐镇沈阳。

那时，后金八旗军兵力合起来不过6
万多人，一些后金将士得到情报后不免有

点害怕。努尔哈赤胸有成竹地说："不要怕，不管他几路来，我只是一路去。"他决定集中优势兵力，将明军一路一路地各个击破。

这场大战从开始到结束只有五天时间，杨镐率领的10万明军损失了一大半，将官死了300多人。这就是历史上著名的"萨尔浒之战"。

萨尔浒之战是明清历史的转折点，从此明朝由进攻转为防御，后金由防御转为进攻了。

萨尔浒之战后，明朝元气大伤。后金

步步紧逼，接连攻占了辽东重镇辽阳和沈阳。

　　萨尔浒大战结束之后，明廷派老将熊廷弼出关指挥辽东军事。熊廷弼很有才能，可是担任广宁（今辽宁北镇）巡抚的王化贞却认为熊廷弼影响了他的地位，千方百计阻挠熊廷弼的指挥。明天启二年，即后金天命七年（1622年），努尔哈赤向广宁进攻，王化贞带头逃进山海关内。熊廷弼无法抵御，只好保护百姓也退到

山海关内。

广宁失守，明王朝不分青红皂白，把熊廷弼和王化贞一起打进大牢。大宦官魏忠贤趁机向熊廷弼敲诈勒索，要熊廷弼拿出四万两银子，说可以免他死罪。熊廷弼是个正人君子，自然拿不出这些钱，阉党就诬陷他贪污军饷，把他处死了。

明天启五年（1625年），努尔哈赤把后金都城迁到沈阳，改称盛京。此后，后金成了明朝最大的威胁。

明天启六年，即后金天命十一年（1626年）正月，68岁的努尔哈赤亲率6

万八旗军，号称20万，渡过辽河，向山海关外的宁远（今辽宁兴城）猛扑而来，企图拿下宁远，冲进关内。

明朝大臣几乎都被后金的攻势吓破了胆。这时，兵部主事袁崇焕详细研究了关内外的形势，回京后向兵部尚书孙承宗报告说："只要给我人马和军饷，我就能守住辽东。"听说袁崇焕自告奋勇，孙承宗赞成让袁崇焕去试一试。明熹宗批给袁崇焕20万两饷银，要他负责督率关外的明军。

袁崇焕在关外经过一番实地考察，决心派兵进驻宁远，在那里修筑防御工事。袁崇焕在宁远筑起三丈二尺高、二丈宽的城墙，装备了各种火器、火炮。孙承宗还派出几路人马分驻宁远附近的锦州、松山等地，声援宁远。

袁崇焕号令严明，受到军民的爱戴。关外各地的商人听说宁远防守坚固，纷纷从四面八方拥到宁远来，辽东的危急局面很快就扭转了。

正当孙承宗、袁崇焕守卫辽东时，却遭到魏忠贤的猜忌。魏忠贤唆使阉党在明熹宗面前说了孙承宗不少坏话，孙承宗被迫离职。魏忠贤排挤孙承宗后，派他们的同党高第指挥辽东军事。高第是个庸碌无能的家伙，一到山海关就召集将领开会，说后金军太厉害，关外无法防守，要各路明军全部撤回到山海关内。

袁崇焕坚决反对撤兵，说："我们好不容易在关外站稳脚跟，哪能轻易放弃！"高第硬要袁崇焕放弃宁远，袁崇焕气愤地说："我的职守是防守宁远，要死也死在那里，决不后撤。"高第说不服袁崇焕，只好答应袁崇焕带领一部分明军留在宁远，却下令要关外其他地区的明军限期撤回关内。这道命令下得十分突然，各地守军毫无准备，匆忙退兵，把储存在关外的十几万担军粮丢得精光。

努尔哈赤看到明军撤退的狼狈相，认

为明军容易对付,于是猛扑到宁远城下。

这时,守在宁远周围几个据点的明军都已经撤走,宁远城只剩下一万多兵士,处境十分孤立。但是袁崇焕并不气馁,咬破指头,写了一份誓死抗金的血书给将士们看,并且说了一番激励的话。将士们听了,感动得热血沸腾,纷纷表示一定跟着袁将军死守宁远。接着,袁崇焕命令城外百姓带粮食撤进城内,把城外的民房烧掉,叫后金军没有粮食和掩体。

努尔哈赤带领后金军气势汹汹地到了宁远城下,头顶盾牌,冒着明军的箭石、炮火猛烈攻城。在这紧要关头,袁崇焕下令动用早就准备好的红衣大炮向后金军猛射。炮声响处,后金兵士被轰得血肉横飞,被迫后撤。

第二天,努尔哈赤亲自督战,集中大股兵力攻城。袁崇焕登上城楼瞭望台,直等到后金军冲到逼近城墙的地方,他才命令炮手瞄准敌人密集的地方发炮。这一

炮使后金军受到更大伤亡，正在后面督战的努尔哈赤也受了重伤，不得不下令撤退。

八月十一日，努尔哈赤在沈阳东40里的瑷鸡堡忧愤而死。

努尔哈赤活了68岁，政治军事生涯44年。努尔哈赤在中华文明史上开创了一个时代，由他奠基的大清帝国，到康乾盛世时成为当时世界上人口最多、幅员最辽阔、经济富庶、文化繁荣、国力强盛的大帝国。

努尔哈赤作为大清帝国的奠基人，作

为一个新时代的开创者，他所创建的八旗制度对清代历史产生了很大影响，八旗成为统一全国的主力军。

努尔哈赤利用女真原有的狩猎组织形式创建了八旗制度。女真人狩猎时，每人各出一支箭，每十人中立一个头领，称牛录额真。牛录是大箭的意思，额真是首领

的意思。后来，努尔哈赤起兵后，将这个相当于狩猎小组组长的牛录额真作为一级官名，牛录成了最基层的军事单位。无论是屯田征丁，还是纳赋服役，都以牛录为计算单位。后来，努尔哈赤在此基础上进一步加以发展，创立了八旗制度，规定每三百人设一牛录额真，五个牛录设一甲喇额真，五个甲喇设一固山额真。固山是满洲户口和军事编制的最大单位，每个固山有固定颜色的旗帜，因此汉语将固山译为"旗"。开始时只有黄、白、红、蓝四旗，后来兵员大增，又增添了四旗，在原来旗帜的周围镶边，黄、白、蓝三色旗镶红边，红色旗镶白边。这样，就产生了八旗，即满洲八旗。后来又逐渐增设蒙古八旗和汉军八旗，统称八旗，实际上是二十四旗。

八旗平时耕田打猎，战时披甲上阵。八旗制度以八旗为纽带，将后金的军事、政治、经济、行政、司法和宗族联结成为

一个组织严密、生气蓬勃的社会机体。八旗制度是努尔哈赤的一个创造，是清朝入主中原、统一华夏的军事保障。

努尔哈赤晚年，特别是进入辽河平原之后，实行了一些错误的政策——大量迁民，按丁编庄，清查粮食，强占田地，满汉合居，杀戮汉族读书人，遭到了辽东汉民的强烈反抗，民族矛盾十分尖锐。这也是他最后兵败身死的原因之一。

（二）皇太极

皇太极是努尔哈赤第八子，35岁继位，年号天聪，在位17年，是继努尔哈赤之后又一位杰出的政治家、军事家。

天聪十年（1636年）四月十一日，皇太极在盛京

（今辽宁沈阳）大政殿举行即皇帝位的典礼，改国号为大清，改年号为崇德。皇太极改国号、称皇帝的用意表明自己不仅是满洲的大汗，而且是蒙古人、汉人以及所有人的皇帝。

皇太极是一个英明的皇帝，他一改努尔哈赤的屠杀政策，重用汉族知识分子，让他们做官，帮助他治理国家；爱护汉人，分给汉人土地，发展农业生产。

后金天聪元年（1627年）正月，皇太极命令二大贝勒阿敏等率军东征朝鲜。阿敏统率大军跨过鸭绿江，一举占领了平壤。三月，双方在江华岛杀白马黑牛，焚香盟誓，定下兄弟之盟。

崇德元年（1636年）皇太极称帝举行大典时，朝鲜使臣拒不跪拜。双方撕扯了一阵，朝鲜使臣仍不肯屈服。皇太极认为这是朝鲜国王效忠明朝、不肯服从他的表现。这年十二月，皇太极亲自统率清军渡过鸭绿江，一直打到汉城，朝鲜国王李倧

逃进南汉山城。皇太极率军到南汉山城城下扎营，李倧只得请降，向清帝朝贡。于是，皇太极在汉江东岸设坛举行受降仪式，确立了大清国同朝鲜的君臣之盟。从此，皇太极得到了来自朝鲜的物资供应，也解除了南攻明朝的东顾之忧。

为了解决南攻明朝的后顾之忧，皇太极又向北用兵，兵锋直指黑龙江上游、中游和下游。皇太极将宗室女儿嫁给达斡尔头人巴尔达齐，征抚并用，以抚为主，终于使贝加尔湖以东、外兴安岭以南、乌苏里江至鄂霍次克海的广阔地域归属清朝。

为了解决南攻明朝的西顾之忧，皇太极又向西用兵，三征蒙古。明清之际，蒙古分为三大部：漠南蒙古即内蒙古，漠北蒙古即外蒙古，漠西蒙古即厄鲁特蒙古。漠南蒙古位于明朝和后金之间，同明朝定有共同抵御后金的盟约。漠南蒙古察哈尔部林丹汗是元太祖成吉思汗的后裔，势力强大，自称是全蒙古的大汗。明廷每年给林丹汗大量赏赐，使其同后金对立。天聪二年（1628年），皇太极利用漠南蒙古诸部的矛盾，同反对林丹汗的喀喇沁等部结盟，首次亲统大军进攻林丹汗，获得胜利，俘获11000余人。四年后，皇太极再次率军远征林丹汗，长途奔袭至归化城（今内蒙古呼和浩特市）。林丹汗闻讯，惊慌失措，星夜逃遁。此后，察哈尔部众叛亲离，分崩离析。林丹汗逃至青海打草滩，不久病逝。天聪九年（1635年），皇太极命多尔衮等统军三征察哈尔部。林丹汗之子额哲率部民千户归降。

至此，皇太极可以放心大胆地向南用兵了。他曾五入关内，企图攻占北京作为大清国的都城，但毕竟兵力有限，一时未能得逞。

后金崇德四年（1639年），皇太极围困锦州，明守将祖大寿告急。崇祯皇帝派洪承畴为总督，率8位总兵、13万步骑、4万马匹出山海关解锦州之围，明军采取

"步步为营，且战且守，待敌自困，一战解围"的兵略，于崇祯十四年即崇德六年（1641年）七月进军至松山。两军初战，清军死伤甚多，几至溃败。消息传到盛京，皇太极带病急援。由于行军太急，皇太极鼻子流血不止，只得用碗接着。他马不停蹄，昼夜兼行500余里赶到松山后，立即下达了作战部署：埋下伏兵，断敌退路；袭劫积粟，断敌粮道；高桥设伏，击敌逃兵；大路列阵，截敌援兵。结果，明军大败，战死53783人，损失战马7440匹，骆驼66头，甲胄9346副，洪承畴退到松山城中。清军破城后，洪承畴被俘投降。松锦之战后，明军失掉了关外的军事凭借，清军转入新的战略进攻。

清太祖和清太宗两代经过整整60年的奋战，终于将山海关外的大片土地揽入手中，为后来入主中原奠定了基础，准备了条件。

（三）顺治皇帝

皇太极死后，其子福临继位，史称顺治皇帝。顺治皇帝年方6岁，由叔父多尔衮摄政。

明崇祯十七年（1644年），李自成率领农民起义军攻陷北京，崇祯皇帝在煤山（今北京市北海公园景山）自缢而死，276年的大明王朝灭亡了。

李自成攻占北京城的军报传到盛京（今辽宁省沈阳市）后，多尔衮急召智囊范文程等人商议进取之策。范文程建议兴师入关，逐鹿中原。于是，多尔衮于这年四月初九统率14万大军奔向山海关。

这时，山海关一带集结了三支大军：第一支是明山海关总兵吴三桂所统领的明军，第二支是李自成率领的讨伐吴三桂

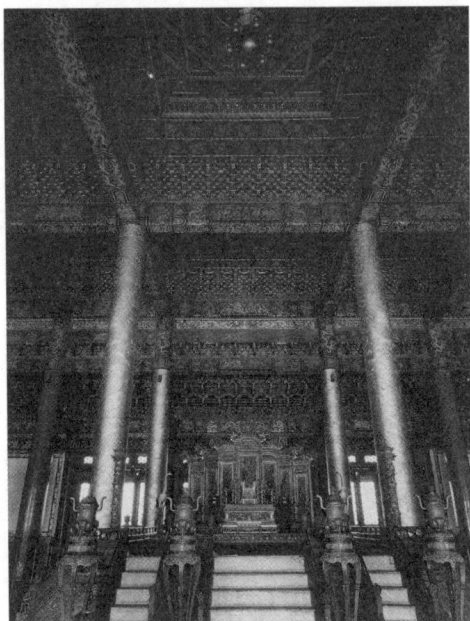

的20万农民军，第三支是多尔衮所率领的清军。

从四月二十一日到二十三日，这三支大军在山海关展开会战。由于吴三桂降清，与清军联合起来，李自成大败。

李自成于四月二十六日败归北京，于四月三十日匆匆称帝后，放火烧毁紫禁城里的一些宫殿，离京西走。

多尔衮取得山海关大捷后，以吴三桂为先导，率领八旗军向北京进发。沿途官兵献城投降，奉表称臣。

五月初二，多尔衮率领清军从朝阳门进入北京城。多尔衮建议迁都北京，但他的胞兄英郡王阿济格主张屠城。多尔衮说："先帝说过，如果占领北京，当即迁都，以图进取中原。如今人心未定，岂可屠城东还。"

为了尊重先帝皇太极的遗愿,清廷
采纳了多尔衮迁都的建议。同年十月初一
日,7岁的顺治皇帝因皇极殿(故宫太和
殿)被李自成焚毁,便在皇极门(太和门)
颁诏天下,定都北京。

顺治皇帝在位18年,前8年因他年纪
还小,由多尔衮摄政。

多尔衮摄政期间,主要有两项弊政:
一是圈地,二是颁布剃发令。

清朝统治者入关后,多尔衮为了满
足满洲贵族对土地的贪欲,为了笼络八
旗将士,竟派遣官员跑马圈地。顺治元年
(1644年)十二月下了圈地命令:"凡近
京各州县民人无主荒田,及明国皇亲、驸
马、公、侯、伯、太监等死于寇乱者,无主
地甚多,……尽行分给东来诸王、勋臣、
兵丁人等。"顺治二年九月,圈地的范围
扩大到河间、滦州、遵化等京东、京南一
带。顺治四年正月,又下令于顺天、保定、
河间、易州、遵化、永平等42府州县内圈

地。不管有主无主的田地，一律都在圈地范围之内，先后共圈占汉人田地20万顷。多尔衮用圈占的土地设立皇庄，赏赐王公勋臣，或分给八旗兵丁，致使百余万汉人破产失业，流离失所，激化了民族矛盾和阶级矛盾，同时也破坏了农业生产，阻碍了社会进步。由于壮丁逃亡和汉族人民的不断反抗，直到康熙八年（1669年）才下诏停止圈地。

清在关外时原是游牧民族，经常骑马射猎。为了生活方便，男子把头部前面的头发剃光，后面的头发结扎成辫子。这样，在骑马飞奔时可以避免前面的头发垂下来遮住眼睛，后面的头发飘到前面来有碍行动。清兵入关后，多尔衮下了一道剃发令，要汉人也像满人一样剃发结辫，否则格杀勿论。剃发令在各地引起的震动极大，激起了汉族各阶层人士的反对，大规模的武装反抗斗争几乎遍及全国，此起彼伏的斗争历经37年之久，导致国内长期政局不稳，生灵涂炭。最终，还是清朝封建统治者靠武力镇压取得了胜利，坚持不愿剃发者要么被杀，要么流亡海外，要么遁入空门带发修行，其余的人都剃发结辫了。

多尔衮摄政7年间，清廷消灭了李自成、张献忠的农民起义军和南明的抗清势力，基本上统一了全国。

顺治七年（1650年）十二月，多尔衮病逝。第二年正月，顺治皇帝亲政，于二月宣布多尔衮十大罪状，抄了他的家，罢了他的封爵，诛杀了他的党羽。由于群臣纷纷上书弹劾多尔衮，揭发其贪污腐化的罪行，还举出了多尔衮逾制的铁证，说他有谋反之罪。顺治皇帝大怒，下令将多尔衮的坟掘了，抛尸荒野，还用棍子击尸，用鞭子鞭尸，最后把他的头割下来，令他身首异处。

顺治皇帝亲政后，在母亲孝庄文皇后的帮助下整顿吏治，注重农业生产，提

倡节约，减免苛捐杂税，广开言路，网罗人才，在各方面取得了很大的成就，为巩固清王朝统治作出了贡献，开创了清王朝走向强盛的新局面，为康乾盛世打下了基础。

尽管顺治皇帝很想大有作为，也颇喜欢中原文化，但一直未能形成一支以他为主导的强有力的政治势力，致使他在与朝中反对汉化的守旧势力的较量中败下阵来。

政治上的失意使顺治皇帝心灰意冷，想出家为僧，被母亲极力劝阻，未能如愿。当他钟爱的皇贵妃董鄂氏死后，他的精神支柱完全崩溃了。

24岁时，顺治皇帝染上天花，不久便病逝了。

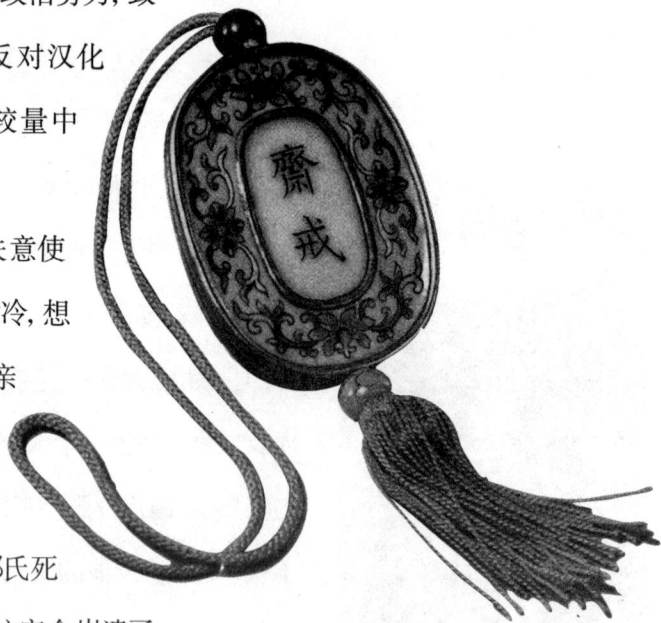

二、走向盛世

（一）康熙皇帝

康熙皇帝是顺治皇帝的第三子，是大清国入关后的第二位皇帝。他8岁登基，在位61年，是中国历史上有文字记载以来在位时间最长的皇帝。

康熙皇帝读书勤奋，曾经因为学习过于用功而吐血。他接受了三种文化教育：满族师傅给他讲满语，教他写满文，教他骑射；汉族师傅给他讲四书五经，使他受到了儒家文化的教育；他向西方传教士学习代数、几何、天文、医学等方面的知识，受益匪浅。

康熙皇帝不仅能文，而且能武。他自幼习武，精于骑射，能百步穿杨，是个神箭手。在围场狩猎时，他所获野兽极多，一天竟打死了三百多只兔子，累垮了三匹马。康熙皇帝精力旺盛，为他治理好国家提供了保障。

康熙14岁开始亲政，清除了擅权的鳌拜，将大权紧紧地掌握在自己手里，每天都要御门听政。御门听政即皇帝亲自主持朝廷会议，和朝廷重臣商议和决定军国大事。御门听政的地点最初在乾清门前，因此称作御门听政。参加御门听政的主要是九卿、六部尚书和左都御史、通政使、大理寺卿,还有大学士,参加御门听政的还有起居注官。

后来,听政的地点经常变化,有时在中南海瀛台勤政殿,有时在畅春园澹宁居,有时在避暑山庄澹泊敬诚殿等地。康熙从14岁亲政以来,每天御门听政,一年四季,无论冬夏,从不间断。听政的时间一般在早上5点左右,因此又称早朝。康熙从亲政之日起,到去世之前,除因生病、三大节、重大变故外,几乎没有一天不听政。北京的冬天很冷,仍坚持在乾清门前举行最高朝廷会议,实属不易。

康熙皇帝亲政后,将三藩及河务、漕运三件大事写在宫中的柱子上,发誓一定要处理。

三藩指三个降清的明将:镇守云南的平西王吴三桂、镇守广东的平南王尚可喜、镇守福建的靖南王耿精忠。三藩占据要地,拥兵自重,成为清初的三个地方割

据势力，其中以吴三桂实力最强。从顺治朝开始，军费开支浩大，每年入不敷出。以顺治十七年（1660年）为例，国家正赋收入875万两白银，而云南一藩就要900多万两白银，竭全国之财尚不足一藩之需。到了康熙初年，财政困难日益严重，国家钱粮大半耗于三藩。而三藩在自己的独立王国里设立税卡，私行铸钱，圈占土地，掠卖人口。平西王吴三桂还自行选派官员，无视朝廷。

康熙皇帝除掉鳌拜后，三藩成为他最大的心病。他要削平三藩，强化皇权。当时，朝廷上绝大多数人反对撤藩，支持撤藩的只有兵部尚书明珠、户部尚书米思翰等少数官员。康熙皇帝力排众议，毅然决然下令撤藩。经过八年的平叛战争，终于取得了削平三藩的胜利。随后，康熙皇帝着手统一台湾。

明天启四年（1624年），荷兰人侵占台湾。顺治十八年（1661年），郑成功从荷兰

人手中收复了台湾。郑成功死后，其子郑经承认南明的正统地位，对抗清朝。康熙二十二年（1683年），康熙抓住郑经死后，其子郑克塽年幼、部属内讧的时机，以施琅为福建水师提督，率军攻下了台湾，从而统一了中国。

黑龙江南北大地在皇太极时已经归属清朝。清军入关后，沙俄乘机东进，侵入我国黑龙江流域，占领了雅克萨（今阿尔巴津）、尼布楚（今涅尔琴斯克）、呼玛尔（今呼玛）等地。

康熙解决台湾问题后，指挥军队进行两次雅克萨自卫反击战，取得了胜利。康熙二十八年（1689年），同俄国在尼布楚签订《中俄尼布楚条约》，规定了中俄两国的东段边界，划定以额尔古纳河、格尔毕齐河和外兴安岭为界，整个外兴安岭以南、黑龙江和乌苏里江流域，包括库页岛在内，都是中国的领土。这是中国历史上同外国签订的第一个平等条约，是康熙

皇帝独立自主外交政策的伟大胜利。

努尔哈赤和皇太极解决了漠南蒙古问题,康熙则进一步解决了漠西蒙古和漠北蒙古的问题,使蒙古成为清朝北部的坚固长城。康熙皇帝说:"昔秦兴土石之工,修筑长城。我朝施恩于喀尔喀,使之防备朔方,较长城更为坚固。"

康熙帝六次南巡,治理黄河、淮河、运河、永定河,并兴修水利,取得了很大的成绩。

康熙即皇帝位后,立志要把国家治理好。他决定移风易俗,建立全新的社会秩序。他说:"良好社会风气的树立是保证民生安定的重要前提,对前代沿袭下来的不良风气必须彻底根治。"

整顿科举舞弊之风就是康熙在移风易俗运动中最为重要的英明之举。清朝初年的科举制度和前代一样,分为乡试、会试、殿试三种。考中乡试的秀才称举人；举人在京师会试，考中者称贡士；贡士再经皇帝殿试，考中者称进士。统治者通过科举考试，不断地扩大治国人才的队伍；读书人也通过科举考试一步一步地争取做官，济世安邦。在科举考试中，最关键的一环是乡试。乡试每隔三年在各省省城，也包括京城顺天府举行一次，由于是在秋天举行，所以也称秋闱。那时称考场为"闱"。因为乡试在科举考试中特

别重要，为防止营私舞弊，当时的试卷是采取"糊名"的，所以通关节的事儿常常在这一环节上发生。通关节就是考生在考试前先和考官约定好符号，考试时在试卷中标明，以便考官对号录取。符号是各种各样的，有的在试卷中写几个虚字，像"也""矣"之类，有的在试卷中加几个小点。加一个墨点要送一百两银子给考官，加一个黄点要送一百两金子给考官。

康熙三十八年（1699年）八月顺天府（今北京市）乡试，主考官李蟠、副主考官姜宸英捞了许多银子。康熙勃然大怒，立即下令将李蟠、姜宸英罢官，逮捕入狱。后来，姜宸英死于狱中，李蟠被流放到边疆。康熙勇于移风易俗，对李蟠、姜宸英等人的严惩深得民心。

康熙推行仁政，爱护百姓，措施之一是表彰清官，严惩贪官。

康熙朝最著名的清官于成龙，初任广西罗城县知县。罗城位于万山之中，历经战乱，没有城郭，遍地草莽，县衙只有茅屋三间，全县居民仅有六家。于成龙到任后，召集流民，鼓励耕织，宽免徭役，兴建学宫，县内大治。于成龙在罗城七年，与百姓相亲相爱，情同父子。于成龙升任合州知州时，百姓倾城出动相送，痛哭号泣。有一位盲人不肯离去，要随于成龙赴任。于成龙问他为什么不走，他回答说："我想大人在路上，盘缠肯定不够用，我

会算卦，可以为大人赚点钱。"于成龙很感动，就把他留下来。果然，于成龙没有积蓄，在途中很快就把钱花光了，多亏那位盲人赚些算命钱补充路费，他才到了合州。于成龙在合州政绩突出，又升到黄冈为官。黄冈社会治安很乱，于成龙化装成乞丐深入罪犯巢穴，探明实情，一举端掉贼窝。接着，于成龙又迁任黄州知府，再升任福建布政使。当时，清军平定三藩之乱，军中多掠良民子女为奴，于成龙集资赎出被掠的人回家与父母团聚。康熙十九年（1680年），于成龙升为直隶巡抚。上任后，严戒下级馈送长官，后又迁两江总

督。

　　于成龙生活节俭，一心扑在政务上，每天只吃粗米青菜，终年不知肉味，江南人称他为"于青菜"。在他的带动下，士绅纷纷改穿布衣，官宦出门轻车简从。于成龙积劳成疾，最后死在任上。于成龙做官几十年，从不带家眷上任。死后，南京城里的将军、都统、官吏、友人到他家中一看，只有竹筐里的一身袍子和摆在床头的几罐食盐而已。在场的人看了，无不失声痛哭。为追悼于成龙，市民罢市，聚哭致哀！百姓家纷纷挂起他的画像，四季祭祀。康熙皇帝曾动情地说："朕博采舆评，咸称于成龙实天下廉吏第一！"

　　康熙皇帝严惩贪官，即使对自己的亲信也决不手软。

　　郭琇是山东即墨郭家巷人，考中进士后出任吴江县令。他精明强干，善断疑案，两袖清风，爱民如子，政绩为江南第一。后来，郭琇冒着丢官丧命的风险，上《纠

大臣疏》，弹劾势焰熏天的武英殿大学士明珠，揭发他结党营私，排除异己，贪污受贿等罪行。

明珠是满洲正黄旗人，由于对康熙皇帝忠心耿耿，在平定三藩时立了大功，因而成为康熙皇帝的股肱大臣，官升武英殿大学士。不料，小人得志，忘乎所以，明珠竟骄纵起来。康熙二十七年（1688年），明珠53岁大寿，文武百官都来给明珠拜寿。明珠府上热闹非常，明灯高悬，达官贵人鱼贯而入，传呼之声不绝于耳，酒席上摆满山珍海味。明珠身穿一品官服端坐中堂，满面红光，接受一批又一批官员的大礼参拜。将近中午时，门上传呼："御

史郭大人到!" 明珠心里一动,想道:"都说郭琇刚正不阿,今天也能来给我祝寿吗?"郭琇进了中堂,递上一个红包。明珠认为这一定是礼单,便叫下人收了。郭琇接过一杯酒,一饮而尽,回身便走,旁若无人,直出大门而去。 明珠见状,心里犯起疑来,忙叫人将郭琇的礼单呈上。明珠将礼单打开一看,大吃一惊,顿时脸色铁青,汗如雨下。原来,这哪里是什么礼单,竟是一篇弹劾他的奏章。

原来郭琇进京后,了解了明珠的所作所为,于是详列他的罪状,上书弹劾他。然后,又将奏章的副本用红纸包好,直奔明珠府第,明珠看到的正是郭琇所上奏章的副本。康熙皇帝见了郭琇的奏章,立即下令罢了明珠的官。

康熙皇帝重视文化教育,主持纂修了《康熙字典》《古今图书集成》《律历渊源》《全唐诗》《清文鉴》《皇舆全览图》等,总计六十余种,两万余卷,为中华文化事业作出了巨大的贡献。

康熙六十一年（1722年），康熙皇帝病逝前，决定传位于皇四子胤禛。

民间传说康熙皇帝病危时，只有内大臣隆科多在侧侍从，康熙皇帝亲笔写下"传位十四皇子"六个大字后病逝。隆科多是佟皇后的亲弟弟，四皇子胤禛的舅父，与胤禛早有默契，因此他立即将"传位十四皇子"改成"传位于四皇子"。这样，四皇子胤禛便继位了。胤禛便是雍正皇帝。

（二）雍正皇帝

康熙皇帝病逝后，45岁的皇四子雍亲王胤禛继位，年号雍正。

雍正皇帝在位13年，大力改革，推动了清朝的发展。

康熙皇帝晚年身患中风，有些事抓不过来，以致吏治松弛，贪污成风。雍正身在宫中，对皇父晚年弊政看得很清楚。继位后，他克服各方面的阻力，在全国大刀阔斧、雷厉风行地清查财政亏空。

雍正元年（1723年）正月，雍正皇帝连续颁布谕旨，训谕各级文武官员不许暗通贿赂，私受请托；不许库钱亏空，多方勒索；不许恣意枉法，残害百姓。如因循不改，必定重罪严惩。

二月，雍正皇帝命将亏空钱粮的官员革职追赃，不再留任。

三月，雍正皇帝命各省督、抚将幕客姓名报部，禁止出差官员纵容属下勒索地方。户部库存亏空银250余万两，令历任官员赔补。同年设立会考府进行审计，整顿收支。

这一年，被革职抄家的各级官吏多达数十人，其中多是三品以上的大员。历史学家杨启樵说："康熙宽大，乾隆疏阔，要不是雍正的整饬，清朝恐早衰亡。"因此，当时有"雍正一朝，无官不清"的说法。

在雍正皇帝的监督下，雍正一朝出了许多好官，两袖清风，爱民如子。雍正六年（1728年），雍正皇帝下令重选太守和县令，命令中外官员每人各举荐一个人，兴化知府沈起元举荐了时翔。时翔字皋谟，诸生出身，博学多才。于是，雍正皇帝任命时翔为福建晋江知县。

当时，福建吏治很乱，县令都很严酷。晋江百姓好打官司，时翔下车伊始，就对百姓说："你们都是我的孩子，我不忍心把你们当做盗贼看待。"他一反前任所为，以宽和为己任。坐堂时，时翔对打官司的人说话就像唠家常一样，态度和蔼，语调低缓。是非曲直判完后，时翔总要让打官司的双方消消气，然后相对作揖而别。打官司的人无不感动，因此打官司的人越来越少了。后来，时翔升任漳州府同知，驻扎南胜。南胜百姓住在峒中，经常械斗。有个叫赖唱的纠集百姓躲进峒中，不服官府管辖，前任束手无策。时翔到任后，单人匹马亲自入山喊道："你们一万多人，为何为一个人卖命。快把赖唱给我捆来，本官担保大家平安无事。"峒中的人听了，一阵骚动。赖唱不得已，只得自缚而出，从此百姓过上了正常的生活。

对于朝廷本身，雍正皇帝也做了一些改革。

奏折是将奏文写在折叠的白纸上，外面加上封套后上呈皇帝，只有皇帝特许的官员才有资格上奏折。康熙皇帝在位时，具折奏事的官员只有100多人，雍正朝增加到了1200多人。奏折的内容几乎无所不包，皇帝通过奏折可以直接同官员对话，更加了解和掌握下面的实际情况。奏折运转处理时，阁臣不得与闻，避开阁臣干预，直接上呈皇帝。这样，官员之间可以互相告密，互相监督，强化了皇帝的专制权力。不同身份的官吏可以及时反映情况，报告政务，使皇帝洞察下情，以便制定政策。

雍正皇帝为了把权力进一步集中在皇帝手中，特地创立军机处，作为皇帝的秘书班子，为皇帝出主意，理政务，写文件，军国大计，无不总揽。军机大臣直接与各地、各部打交道，了解地方情形，传达圣旨。军机处作为辅助皇帝决策与行政的机构，设在紫禁城隆宗门内北侧。军机大臣没有定员，少则二人，多则九人。每日晋见皇帝，处理军政要务，以面奉谕旨名义对各部门、各地方发布指示，由朝廷直接寄发，称为"廷寄"，封函标明"某处某官开拆"字样。明代内阁对皇权有一定的约束，如诏令由内阁草拟下发，阁臣对诏令有权封驳。但是军机处成立之后，排除了王公贵族，也排除了内阁大臣的干预。军机处的设立使清朝皇帝乾纲独断，既不容大权旁落，也不许大臣抗旨。

在地方行政上，雍正皇帝也做了改革。云、贵、粤、桂、川、湘、鄂等省少数民族地区，主要由世袭土司管辖。土司生杀予夺，为所欲为。这种制度妨碍了国家的统一和地区经济文化的发展。雍正继位后，全面实

行"改土归流"制度，废除了土司，改成和全国一致的州县制度，在上述地区分别设立府、厅、州、县，委派有任期的、非世袭的"流官"进行管理。"改土归流"打击了土司的世袭特权和利益，减轻了西南少数民族的负担，促进了这一地区的进步。

雍正皇帝还施行"摊丁入亩"和"耗羡归公"等政策，让官民都获得了好处。

中国自古就有人丁税，凡是成年男子不论贫富都要缴纳人头税。雍正皇帝将人丁税摊入地亩税中，按占有地亩之规定纳税数额。地多者多纳，地少者少纳，无地者不纳。这就是"摊丁入亩"，也称"摊丁入地"，从而取消了人头税。这项措施有利于贫民而不利于地主，是我国赋税史上一项重大的改革。

"耗羡归公"也是雍正皇帝的善政。我国古代以银、铜为货币，征税时，银两在兑换、熔铸、保存、运解中有一定的损耗，因此征税时有一定的附加费，称"耗羡"或"火耗"，一向由地方州县征收，作为地方办公及官吏的额外收入。由于耗羡无法定征收额，州县便随心所欲地从重征收，有的抽正税一两，耗羡竟达五六钱，以致人民负担过重，不堪其负。雍正皇帝实行"耗羡归公"，将此项附加费变为法定税款，固定额数，由督、抚统一管理，所得税款除办公费用外，作为养廉银，大幅度提高官吏的俸禄。这样，既减轻了人民负担，又保证了廉政的推行。这就是所谓的"高薪养廉"。

废除腰斩也是雍正皇帝的一大功绩。一次，雍正皇帝将一个人处死，用的是腰斩之刑。因为腰斩是一刀从腰部砍

下去，砍下去之后人还活着，所以这个人在被砍之后竟能用手指蘸着血在地上连写七个"惨"字才死去。雍正皇帝听说之后觉得实在太残忍了，于是下令废除了腰斩。

雍正皇帝继位后，因勤政出了名。他在位期间，不巡幸，不游猎，日理万机，终年不息。他在位十二年又八个月，几乎每天都工作到深夜，每天睡眠不足四小时。一年之中只有在他生日那天才休息。雍正朝现存汉文奏折35000余件、满文奏折6600余件，共有41600余件，仅在奏折中所写下的批语就多达1000多万字，都是亲笔朱批，不假手他人。雍正皇帝的勤政精神在中国古代帝王中堪称楷模，可谓前无古人，后无来者。

雍正十三年（1735年）八月二十三日子夜，雍正皇帝在圆明园猝然去世。

雍正皇帝辛苦一生，为开启乾隆盛世打下了基础。

（三）乾隆皇帝

乾隆皇帝是雍正皇帝第四子，名弘历，自幼聪明，6岁开始读书，过目成诵。

康熙六十年（1721年），康熙皇帝在雍亲王府第一次见到12岁的孙子弘历两目炯炯有神，举止不凡，言语合度，一下子就喜欢上了，下令将其养在自己宫中，亲授书史。此间，弘历曾随祖父康熙皇帝前往木兰围场打猎，康熙皇帝开枪将一只黑熊射倒后，又命弘历续射。弘历走上前去，不料黑熊未死，仅是受伤倒地，见有人近前，突然立起，扑向弘历。弘历临危不惧，镇定自若，虚与周旋。康熙皇帝见事不妙，急忙又补一枪将黑熊射死。康熙皇帝在去世前曾预言道："弘历有英雄气概，将来必封为太子。"

雍正皇帝去世后，弘历继位，改翌年为乾隆元年。

乾隆皇帝在位期间，平定了新疆、贵州、大小金川、西藏等地的叛乱，进一步巩固并开拓了中国的疆域，维护并加强了中华多民族的统一。

在新疆，乾隆皇帝曾两次平定准噶尔叛乱。南疆指天山以南的维吾尔族地域，清代称"回部"。准噶尔部强大时，回部受准噶尔贵族的欺凌。但清军平定北疆后，回部贵族企图摆脱清朝独立。为此，清军同回部在库车、叶尔羌（今新疆莎车）等南疆重镇进行激战，重新统一了南疆。乾隆皇帝在新疆设伊犁将军，实行军府制，修筑城堡，驻扎军队，设置卡伦，巡查边界，移民实边，进行屯垦，加强了对新疆的管辖。

乾隆皇帝继位初年，采取安抚为主、征讨为辅的手段迅速镇压了贵州苗民之

乱。他免除苗赋，尊重苗俗，实行屯田，精选守令，减少了苗民的抵触情绪。这些因地制宜的措施使贵州苗族地区基本上安定下来。

明朝末年，厄鲁特蒙古四部之一的土尔扈特部离开他们世居的塔尔巴哈台（今新疆塔城），西迁至俄国伏尔加河下游。乾隆三十五年（1770年），首领渥巴锡汗率领16.9万人踏上回国的征程。他们跋山涉水，克服重重险阻，于翌年六月到达伊犁，只剩下6.6万人了。乾隆皇帝十分重视土尔扈特部的回归，他不惧沙俄的开战威胁，令大臣前往伊犁协助伊犁将军安置他们。土尔扈特部的回归是民族团结的壮丽篇章，是乾隆时期的一大盛事。

乾隆中期，大金川土司再次叛乱，不断侵略邻近土司。从乾隆三十一年（1766年）起，乾隆三次派兵，才最终平定大小金川。此后清朝在这一地区废除土司制，改置州县，巩固和发展了西南地区自雍正

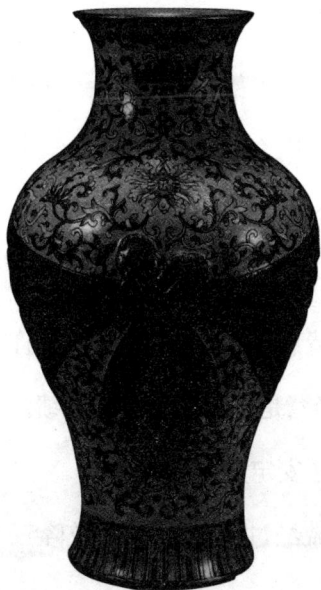

以来"改土归流"的成果，加强了边疆和内地的经济文化交流。

乾隆五十三年（1788年）与五十七年（1792年），廓尔喀（今尼泊尔）两次入侵西藏。第一次清军作战不力，西藏地方政府接受屈辱条件，与之议和，向中央谎报战功；四年后廓尔喀兵再次入侵，乾隆皇帝下令反击，清军翻越喜马拉雅山连续作战，大败廓军，保卫了祖国领土。

乾隆五十八年正月，制订了《钦定藏内善后章程》，规定设驻藏大臣，督办藏内事务；在西藏驻军，分驻前藏、后藏；达赖喇嘛、班禅额尔德尼等圆寂后，在驻藏大臣亲监下，用金奔巴瓶掣签决定继承人，沿袭至今。这是乾隆皇帝的一个创造，意义非凡。驻藏大臣与达赖喇嘛地位平等，加强了清朝中央政府对西藏的管辖。对边疆的经营是乾隆帝最大的功绩，从此西藏进入了安定发展时期。

清朝的疆域经过康熙、雍正、乾隆三

朝的努力，东北到外兴安岭、库页岛、鄂霍次克海，西北到巴尔喀什湖、葱岭，北到贝尔加湖以南，色楞格河以北，南到南沙群岛，奠定了中国今天的版图基础。

乾隆皇帝和祖父康熙、父亲雍正一样，重视发展农业生产。他要求北方向南方学习耕种技术，提高粮食产量。

贵州一带遍地都是桑树，但不懂养蚕纺织。乾隆皇帝责成贵州地方官向外省招募养蚕纺织能手，传授技术，使贵州出现了大量养蚕能手。

乾隆皇帝鼓励开荒，扩大种植面积。乌鲁木齐地广人稀，乾隆皇帝资助甘肃贫民前去垦殖。他令地方官注意植树造林，保持水土。

乾隆皇帝关心水利建设，新筑河南南阳至商丘黄河河堤170余里，疏浚清口及江南运河，培筑清河千里堤岸。此外，在他关心下，修了江苏宝山至金山242里长的块石篓塘和浙江金山至杭县500里海

塘。这些水利工程起了防洪和保护农业生产的作用。

乾隆皇帝重视吏治，关心官吏的选拔。他强调官吏应该年富力强，55岁以上的官吏要详细甄别，65岁以上的官吏要引见，能否继任要由他亲自定夺。他将不称职的官吏分成8类：年老、有疾、浮躁、才力不及、疲软无力、不谨、贪、酷，并给予不同的处理。在乾隆一朝，因考绩不合格受到降级或处分的官吏达6万多人。

乾隆皇帝禁止向皇帝进献方物和土特产，为清官做出表率。

乾隆帝重视发展商业并给予宽松政策，规定商人到歉收的地方销售粮食时可以免税。

乾隆帝关心受灾百姓，在位期间五次下令免交天下钱粮，御史赫泰曾上疏说："国家经费，有备无患，今当无事之时，不应蠲免一年钱粮。"乾隆说："百姓富足，朕也就富足了。朝廷恩泽，不施于百姓，

那将施于何处!"乾隆皇帝蠲免全国钱粮,次数之多,地域之广,数量之大,可谓前无古人,后无来者。

《四库全书》是乾隆皇帝亲自组织编写的中国历史上一部规模最大的丛书。乾隆三十七年(1772年)开始,经十年编成。此书分经、史、子、集四部,故名四库。该书共收录古籍3503种、79337卷,装订成36000余册,保存了丰富的文献资料。为了保证此书流传千古,乾隆皇帝下令组织书生抄写七份,藏于北四阁和南三阁。

文渊阁于乾隆四十年(1775年)建造,位于北京紫禁城内,第一部《四库全书》写成后就藏在这里。民国后此书划归故宫博物院收藏,现藏于台北故宫博物院。

文渊阁于乾隆四十年(1775年)建造,在北京西郊圆明园内。咸丰十年(1860年)八国联军入侵北京后,所藏《四库全书》与文渊阁俱被焚毁。

　　文津阁于乾隆四十年（1775年）建造，在今河北承德避暑山庄。所藏《四库全书》于1915年运至北京，现藏于北京图书馆。

　　文溯阁于乾隆四十七年（1782年）建造，在今辽宁省沈阳市故宫之西，所藏《四库全书》于1966年10月移藏甘肃省图书馆。

　　文宗阁于乾隆四十四年（1779年）建造，在江苏省镇江金山寺，所藏《四库全书》在太平天国战争中被焚毁。

　　文澜阁于乾隆四十九年（1784年）利用杭州孤山圣因寺藏书堂改建，所藏《四库全书》由丁丙、丁申等人搜集抄补大半，以后又陆续据文津阁本抄补，终于补全，现藏于浙江图书馆。

　　文汇阁于乾隆四十五年（1780年）建造，在江苏扬州市大观堂，所藏《四库全书》在太平天国战争中被焚毁。

　　在乾隆一朝，我国还出了一个震古烁

今、闻名中外的大才子曹雪芹。

　　曹雪芹的曾祖曹玺是康熙皇帝的伴读，深受康熙皇帝宠信，被派到南方担任江宁织造。曹玺死后，曹雪芹的祖父曹寅、父亲曹𬱟接替了这个职务，一家三代前后做了六七十年织造，富甲一方，成了豪门。曹家还负责为皇帝选秀女，常将一等一的秀女自己留下，因而曹家美女如云，曹雪芹就是在这样的温柔乡里长大的。

　　雍正皇帝即位后，因为皇室内部纠纷，牵连到曹家，雍正皇帝下令抄了曹家。这时，曹雪芹还是个10岁的孩子，但已经懂事，心灵受到了很大的打击和震撼。

　　曹家回到北京老家，生活越来越艰难。曹雪芹只好搬到北京西郊，住在简陋的屋子里，有时候连粮食都不够吃，只好喝粥充饥。

　　曹雪芹经过大起大落，深刻地认识了社会，决心根据他的亲身体验写出一部

反映当时社会生活的小说，这就是《红楼梦》。

曹雪芹在《红楼梦》里写了一个贵族大家庭贾家从兴盛到衰落的故事，揭露了封建统治阶级的腐朽和罪恶。曹雪芹花了10年时间在北京西郊写这部小说，辛劳和疾病把他折磨得十分衰弱。当他写完八十回的时候，他的爱子因病夭折。曹雪芹受不了这个打击，最终放下了尚未完成的著作，离开了人世。

曹雪芹死后，他的小说稿本经过朋友们传抄，渐渐流传开来。人们读了这本小说，无不拍案叫好。但是对这样杰出的著作没有全部完成，总觉得是一件憾事。后来，一个叫高鹗的文人续写了四十回，使《红楼梦》成了一部结构完整的小说。

《红楼梦》经过一再传抄、翻印，越传越广。一直传到现代，大

家公认它是我国古代最杰出的长篇小说。人们不但欣赏它的高超的艺术成就，而且还从书中了解到我国封建社会晚期的历史和社会状况。直到现在，从国内到世界各国，都有许多学者研究、考证这部伟大著作。

曹雪芹多才多艺，不仅文笔过人，而且医术高明，为不少人治好了病。一些有钱人病愈后，常常买些东西送给曹雪芹，以报医病之恩。曹雪芹总是告诉这些人说："以后不要给我买东西了，你的钱先留着，一旦有病人看病，抓不起药，我就让他找你，你把他的药钱给付了，这不可以帮助更多的人解除病痛吗？"就这样，曹雪芹为许多贫苦百姓治愈了多种顽症，人们交口称赞曹雪芹医术高明，医德高尚。

嘉庆四年（1799年）正月初三，乾隆皇帝病逝，终年89岁，在中国古代皇帝中是最高寿的了。

三、由盛转衰

（一）嘉庆皇帝

嘉庆皇帝颙琰是乾隆皇帝的第十五子，于乾隆六十一年正月初一登基，改元嘉庆，在位25年。

乾隆五十四年（1789年），颙琰被封为嘉亲王。乾隆六十年（1795年）九月，颙琰被正式宣布立为皇太子。第二年正月初一日，乾隆皇帝禅位给颙琰，自称太上皇。

嘉庆四年（1799年）正月初三，乾隆皇帝病逝，嘉庆皇帝开始亲政，一心要做个好皇帝。

嘉庆皇帝亲政后，做了一件大快人心的事，即处理了大贪官和珅。

和珅是乾隆皇帝的宠臣，人称"二皇帝"。和珅身兼数职，位极人臣，掌握着用人、理财、施刑、出征等多方面的大权。和珅仗着乾隆皇帝的宠信和庇护，肆无忌惮地揽权索贿，祸国殃民。

和珅权势显赫，政事多擅自决断，朝

臣敢怒而不敢言。

嘉庆皇帝即位后，宣布了和珅二十大罪状，抄了他的家。清廷每年的税收合白银七千余万两，而和珅的家产折合成白银竟达八亿多两，相当于清廷十多年税收的总和。

为此，嘉庆皇帝勃然大怒，责令和珅自杀。

嘉庆皇帝惩治和珅时没有株连，也没有扩大化，维持了朝廷的稳定局面。

中国古代是农业社会，人口就是生产力。为了增加生产力，康雍两朝鼓励人口增长。乾隆五十五年（1790年），中国人口已经突破3亿大关。然而耕地数目的增长却远远赶不上人口的增长，乾隆末年人均耕地占有量只有3.5亩，而当时的警戒线是4亩，因而经济上取得的成就被众多的人口抵消，人民生活在饥饿贫穷之中。北京街头乞丐很多，许多百姓蓬头垢面，衣衫褴褛，在垃圾堆里抢食物吃。

乾隆后期重用大贪官和珅长达二十余年，因和珅索贿造成官场贪污成风，政治腐败。官场一级级索贿，最后一级把负担都转嫁到百姓头上了。

嘉庆皇帝继位后，接手的就是这样一副烂摊子。嘉庆一朝是清朝由盛转衰的时代，由于官场腐败，积重难返，国内阶级矛盾尖锐，官逼民反，农民起义如火如荼。

嘉庆元年（1796年），川、楚、陕边境地区爆发了白莲教起义，蔓延到豫、甘等省，历时九年。白莲教起义军攻破州县达204个，抗击了清政府从十六个省调来的大批军队，歼灭了大量清军，击毙副将以下将弁四百余名，一二品大员二十余名，清廷耗费军费二亿两白银，相当于四年的财政收入。嘉庆十年（1805年），农民起义被镇压，但清朝元气大伤，逐渐走向衰落了。

嘉庆十八年（1813年），北方又爆发了

天理教起义。部分天理教徒在太监接应下冲进紫禁城。嘉庆皇帝认为这是汉唐、宋明以来从未有过的事，不得不下了一道罪己诏。

原来，河南滑县人李文成组织了著名的直、鲁、豫三省天理教反清大起义。李文成是河南滑县东北五里谢家庄人，是个世代相传的泥水匠兼木工。

嘉庆年间，直、鲁、豫三省几乎是无官不贪，无吏不暴，地主利用种种特权拖欠钱粮，地方官吏就将亏空全部加在广大农民头上，不管他们死活。嘉庆十六年（1811年）至十八年（1813年），直、鲁、豫三省发生了严重的自然灾害，广大农民吃草根树皮度日，把树叶也吃光了。嘉庆十八年，李文成于九月七日率天理教徒起义了。

天理教是白莲教的一个支派。明末清初，白莲教在统治阶级的残酷镇压下，开始向处于社会

下层的农民和兵士传教收徒，形成了很多支派，如荣华会、红阳教、白阳教、大乘教和八卦教等。

李文成起义后，占领了滑县，在城内扎下大营，建立政权，自称天王，以牛亮臣为军师，宋元成为大元帅，秦学曾为提调兵马总先锋，并在北门外挂起招军旗，吸收穷苦百姓加入起义队伍。接着，起义军攻占了道口、桃源，与滑县形成犄角之势。九月初八日，李文成又派于克敬北攻浚县。起义迅猛发展，仅长垣至滑县交界处，起义军的营寨就绵延十余里，士众不下十数万，旌旗蔽日，鼓角震天。

直、鲁、豫三省起义的消息传到北京后，嘉庆皇帝立即派直隶总督温承惠为钦差大臣，带兵由北面堵截，派河南巡抚高杞严防西南两路。不久，嘉庆皇帝又令大同镇总兵张绩前往太行山外扼要处所驻扎，徐州镇总兵沈洪带兵迅速由东南北上兜围，两江总督百龄带兵驻扎徐州，防止起义军向江南逃跑。

九月十七日，嘉庆帝又调陕甘总督那彦成任钦差大臣，负责全面指挥；同时把能征善战的固原提督杨遇春和清军官兵约二万余人调到河南。此后不久，又派托津为监军，驻守直隶开州督战。

这样，逐渐形成了对起义军的严密军事包围圈。

九月下旬，清军开始向直鲁两省的起义军发动进攻。由于起义队伍过于分散，又不懂得集中兵力对付敌人，在清军三次攻势之下，丢失一个又一个据点。十一月，山东、直隶地区的起义军主力基本被消灭，余部大多退往滑、浚一带。起义军的地盘就只剩下河南滑县、道口、桃源三个

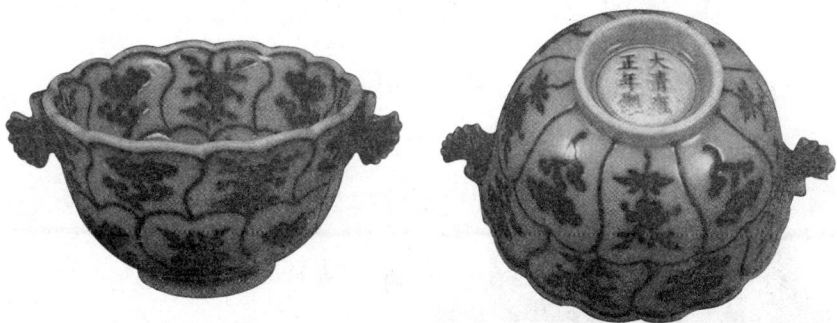

据点，双方最后的决战即将开始。

这时，清军发现李文成藏在一座碉楼里。清将杨芳率众登楼，妄想活捉李文成邀功。在这最后时刻，李文成奋力抵抗，在凶狠的敌人面前威武不屈，视死如归。他神色坚毅，目光炯炯，高呼道："李文成在此，决不投降！"最后，李文成壮烈自焚。剩下的战士互相拥抱，让烈火吞没了自己的身躯，显示了为推翻腐败的清朝统治而英勇献身的大无畏精神。

李文成的妻子张氏也表现得十分英勇，和年仅12岁的女儿挥刀巷战，击杀多名清兵。力竭后母女俩双双自缢，为除暴抗恶献出了生命。

李文成领导的天理教起义虽然历时三个月就失败了，但极大地打击了清朝的腐败统治。

嘉庆皇帝并不是昏君，曾作诗斥责官吏腐败："内外诸臣尽紫袍，何人肯与朕分劳？玉杯饮尽千家血，银烛烧残

百姓膏。天泪落时人泪落,歌声高处哭声高。平时漫说君恩重,辜负君恩是尔曹。"他在诗中骂内外诸臣鱼肉百姓,敲骨吸髓,吸尽了民脂民膏,辜负了他。

由于嘉庆皇帝黜奢崇俭,要求地方官员据实陈报民情,力戒粉饰太平,尽力为百姓减轻负担,因此死后获得了仁宗的庙号。但大厦将倾,非一人之力所能扶;狂澜欲倒,岂数人之手所能挽。面对乾隆皇帝留下的一堆烂摊子,嘉庆皇帝虽宵衣旰食,有心整顿,却无力回天了。

嘉庆皇帝严禁鸦片,对英国侵略者在沿海的骚扰一直保持高度的警惕性,曾严词拒绝英国提出的帮助清朝镇压起义军,帮助澳门葡人抵御法国的居心叵测的要求。嘉庆二十一年(1816年),又拒绝了英国提出的建立外交关系、开辟通商口岸、割让浙江沿海岛屿的要求。这些外交决断都是明智的,都是正确的。

嘉庆二十五年,嘉庆皇帝死于避暑山

庄。这样，曾倾全力企图维护清王朝的稳
定和巩固，想尽一切办法要改善百姓处
境的一代帝王，刚过花甲之年就离开了人
间。

（二）道光皇帝

嘉庆二十五年（1820年）七月十八日，
嘉庆皇帝到热河举行秋猎，由于嘉庆年逾
花甲，身体肥胖，天气暑热，旅途劳顿，中
风猝死。

八月二十二日，嘉庆皇帝的灵柩从
避暑山庄运回北京，在乾清宫停放。八月
二十七日，其子旻宁即位于太和殿，成为
清朝入关后的第六代皇帝，史称道光皇
帝。

道光皇帝在位三十年，做了不少事
情：整顿吏治，惩治贪污，治河通漕，清理
盐政，开通海运。

张格尔利用新疆一部分人的反清情

绪和宗教矛盾，曾三次发动叛乱，企图独立，使新疆脱离清朝。道光皇帝派兵镇压，于道光二十八年（1848年）捕获张格尔，押到北京斩首。

道光皇帝平息张格尔的骚乱，巩固了新疆，这是他一生的亮点。

道光皇帝为人节俭，能够勤政，宵衣旰食，三十年如一日，不敢自暇自逸。

道光皇帝曾穿带补丁的裤子，以致大臣纷纷效仿，也在膝间缝上一块圆绸子。这些都是小节，由于道光皇帝在国家与民

族利益上不能维护国家主权与民族尊严,成了千古罪人。

18世纪70年代,英国开始向中国输入鸦片。英国资产阶级为了抵消英中贸易方面的入超现象,大力发展毒害中国人民的鸦片贸易,以达到开辟中国市场的目的。到了19世纪,鸦片输入额逐年增多。

清廷由雍正时开始禁烟,乾隆和嘉庆也屡次下令禁烟,但收效甚微。雍正时每年走私进口的鸦片仅200箱,到乾隆时增至1000箱,而到嘉庆时竟增至4000箱了。

道光开始禁烟时,遇到了很大的阻

力。鸦片走私越来越嚣张，每年突破了30000箱，流失白银3000万两。

道光十九年（1839年），鸦片输入猛增到40000多箱。英国从这项可耻的贸易中大发横财，而吸食鸦片的中国人在精神上和生理上受到了极大的摧残。有识之士纷纷上书道光皇帝，建议禁烟。林则徐上书说，如果不采取制止措施，将要造成国家财源枯竭和军队瓦解。于是，道光皇帝决定严禁鸦片入口，任命林则徐为钦差大臣，到广东禁烟。

道光十九年（1839年），林则徐到达广州，通知外国商人在三天内将所存鸦片烟土全部缴出，听候处理，并宣布："若鸦片一日未绝，本大臣一日不回，誓与此事相始终，断无中止之理。"

林则徐雷厉风行，不受利诱，不惧威胁，克服了英国驻华商务监督义律和不法烟商的阻挠破坏，共缴获各国商人烟土19179箱，外加2119袋，总计237万多

百花香入案头诗

一榻梦生琴上月

星石之兄先生属

少鞶林琴

斤，从6月3日至25日，在虎门海滩当众销毁。

消息传到英国，举国震惊。道光二十年（1840年），英国远征军到达中国海面，鸦片战争爆发了。

战争伊始，道光皇帝认为英军不堪一击，中国胜券在握。随着战事的发展，英军围困珠江口，攻占浙江定海，直逼天津大沽口。这时，道光皇帝才大吃一惊，忙派琦善等人与英军谈判。道光皇帝过高地估计了英军的武力，竟对外妥协，将林则徐等主战派查办，重用穆彰阿、琦善、奕山等人，重新开放广州。

英国政府不满足义律从中国攫取的利益，改派璞鼎查为全权公使，增调援军，扩大侵华战争。道光二十一年（1841年）8月下旬，璞鼎查率英舰自香港北上，26日攻陷厦门，9月英军侵犯台湾，10月攻陷定海、镇海、宁波。

道光二十二年（1842年）5月英军继

续北上，6月攻陷长江口的吴淞炮台，宝山、上海相继失陷。接着，英军溯江西上，8月5日到达江宁（今南京）江面。道光皇帝闻讯，惊慌失措，忙令盛京将军耆英赶到南京，于29日与璞鼎查在英国军舰上签订了中国近代史上第一个不平等条约——《南京条约》。条约规定：中国割让香港岛给英国，赔偿英国2100万银元，开放广州、福州、厦门、宁波、上海为通商口岸等。此后，清政府又与法、美两国签订了中法《黄埔条约》和中美《望厦条

约》，使中国开始沦为半殖民地社会。

道光二十九年（1849年）正月，道光皇帝感到身体不适，次年正月病重，宣诏宗人府宗令载铨，大臣载垣、端华、僧格林沁，军机大臣穆彰阿、赛尚阿、何汝霖，内务府大臣文庆等进宫，命令他们随同总管太监从正大光明匾额后取下锦盒，宣读诏书，诏书上只有"皇四子奕詝"五个字。这天中午，道光皇帝死于圆明园慎德堂。

（三）咸丰皇帝

咸丰皇帝奕詝是道光皇帝第四子，

清朝入关后的第七位皇帝。道光三十年（1850年）正月即位，以次年为咸丰元年，时年20岁。

咸丰元年（1851年），咸丰皇帝大选秀女，慈禧入选，被封为兰贵人。咸丰六年（1856年）三月二十三日，慈禧生下皇子载淳，即后来的同治皇帝，慈禧当天就晋升为懿妃。

慈禧母以子贵，深受咸丰皇帝宠爱，耳濡目染，学会了批阅奏折，渐渐开始干政了。

原来，咸丰皇帝沉湎酒色，怠于朝政，有些奏章就让慈禧代阅，慈禧因此渐渐熟悉了军国大事，具备了理政的经验。咸丰死后，慈禧垂帘听政，成了名副其实的女王，统治中国长达四十八年。

咸丰在位期间，正逢清朝衰落，国库空虚，危机四伏。

咸丰皇帝于道光三十年年初即位，还不到一年，就爆发了太平天国起义。

鸦片战争结束后，西方资本主义国家向中国倾销商品，逐步破坏了沿海通商口岸及其附近地区的传统手工业。鸦片输入年年激增，引起白银外流，银贵钱贱，比战前更为严重。

清政府为了支付战费和赔款，千方百计地进行搜刮，使劳动人民的负担越来越重，不堪重负。地主、官僚、贵族加剧土地的兼并，地租越来越高。道光二十六年至道光三十年（1846—1850年），黄河流域和长江流域各省都连续遭到严重的水旱灾害，两广地区也是水灾、旱灾、蝗灾不断。天灾人祸使人民陷于失业、破产、饥饿、死亡的困境。

清政府的黑暗统治和沉重的封建剥削，以及外国侵略势力所造成的灾难，激起人民群众反抗的怒潮。鸦片战争结束后的十年间，汉、壮、苗、瑶、彝、回、藏等各族人民的起义和抗租斗争不下百余次，几乎遍及全国。

道光三十年十二月初十日，拜上帝会首领洪秀全率众在广西金田村起义，建国号为太平天国。

在两年的时间里，太平军先后攻克岳州、汉阳、汉口、南京等南方重镇，席卷了广西、湖南、湖北、江西、安徽、江苏六省，于咸丰三年（1853年）定都南京，改南京为天京。

太平军打击了官僚、豪绅、地主，焚烧了衙门、粮册、田契、借券，砸了佛像及孔子牌位，对封建秩序进行了大扫荡。

太平天国起义爆发后，尽管清政府从全国各地调集大量八旗、绿营官兵前来镇压，但这支腐朽的武装队伍根本不堪一击。为此，清政府屡次颁发命令，让各地地主大办团练，力图利用各地的地主武装来遏制革命势力的发展。

雍正、乾隆年间，朝廷遇有战事时，如果八旗兵和绿营兵不够用，就临时招募军队，不属国家正式军队，即使有功的

也不留用。咸丰皇帝在位时，清廷已经穷得无力招募军队了，只得靠各地的地主组织武装部队了。

清廷急于大办团练时，朝廷二品大员曾国藩正因母亲去世在湖南老家守孝。曾国藩进士出身，很有学问，官至内阁学士。咸丰三年（1853年）曾国藩响应清廷号召，在家乡湖南依靠师徒、亲戚、好友等人际关系建立了一支地方团练，称为湘勇。经过一番军训，于次年2月发表了《讨粤匪檄》，杀向太平天国的都城天京。

曾国藩残酷镇压太平天国起义，只要有太平军嫌疑的，重则立决，轻则毙之杖下，又轻则鞭之千百。他常常亲手杀人，杀人如麻，因此人称"曾剃头""曾屠户"。南京小孩夜里哭时，只要母亲说"'曾剃头'来了"，小孩就吓得不敢哭了。

但曾国藩善于掌兵，知人善用，军纪严明，大军所到之处，百姓安居，士农工商各行其是，就像太平时节一样。因此，

曾国藩成了太平天国的克星。

咸丰皇帝刚松了一口气，不料外患又发生了。

第一次鸦片战争结束后，西方资本主义列强相继侵入中国。但是，他们不满足于既得利益和特权，蓄意加紧侵犯中国主权，进行疯狂的经济掠夺。为扩大掠夺，列强曾多次提出全面修改过去和清廷签订的条约，但被清廷拒绝了。于是，英国与法国联合进攻中国，发动了第二次鸦片战争，并于咸丰十年（1860年）攻陷北京，烧杀抢掠，火烧圆明园。圆明园大火持续了两天，300多名太监和宫女葬身火海。不但名园被毁，收藏的国家级珍宝也被掠空。

北京陷落前，咸丰皇帝逃往热河（今

河北省承德市）避暑山庄，留下六弟奕䜣与列强议和。

在第二次鸦片战争期间，列强迫使清政府先后签订了《天津条约》《北京条约》《瑷珲条约》。结果，外国侵略势力扩张到沿江各省，并伸向内地，方便了他们倾销商品，掠夺廉价原材料和劳动力，使中国受到资本主义经济的严重冲击。

咸丰皇帝是个平庸的皇帝，面对国家一副烂摊子，他一筹莫展，竟沉湎酒色，纵欲自戕。

咸丰皇帝好色过度，毫无节制，身体越来越差，便问御医如何才能使身体强壮起来。御医建议他多饮鹿血，借以补阳。于是，咸丰皇帝立即命令内务府养了一百余只鹿，每天都喝鹿血。

咸丰皇帝常常借酒浇愁，但古语说

得好："抽刀断水水更流，举杯消愁愁更愁。"咸丰皇帝每饮必醉，每醉必怒，每怒必有一二名内侍或宫女遭殃，成为其发泄心中苦闷的牺牲品。

咸丰皇帝爱听京戏，有时亲自导演，甚至粉墨登场。无论在紫禁城、圆明园，还是在热河行宫，他都经常点戏看。他亲自导演过《教子》《八扯》等戏，并演唱过《朱仙镇》《青石山》《问路》《三岔口》《羊肚汤》《平安如意》《四盟山》等戏。

自从清中期徽班进京上演京戏后，上自皇帝，下至王公，无不喜欢，好多人浅斟低唱，甚至入了迷，把国家大事丢在一边。简简单单的几句话一唱就是大半天，消磨了大量的宝贵时间，误了正事。因此，当时有位阁老说京戏是靡靡之音，是亡国之音。

民国初年，有的历史学家说："慈禧当政后，内忧外患不断，却整天歌舞升平，沉迷于京戏而不能自拔，终至亡国，

当年阁老之言还真应验了，可谓有识之士。"

咸丰皇帝的父亲道光皇帝曾下令让林则徐禁烟，而咸丰皇帝却吸鸦片，并且吸得很凶。他称鸦片为"益寿如意膏"，又称其为"紫霞膏"和"福寿膏"，从即位开始一直吸到死，整整吸了十一年。

四、"同治中兴"

同治皇帝载淳是咸丰皇帝的长子，是清朝入关后的第八任皇帝。

咸丰十一年（1861年）八月二十一日，咸丰皇帝病危，召御前大臣怡亲王载垣、郑亲王端华、协办大学士户部尚书肃顺及军机大臣穆荫、匡源、杜翰、焦祐瀛至榻前托孤，立载淳为皇太子。第二天，咸丰皇帝去世，6岁的载淳即位，年号祺祥。

咸丰死后，载淳的生母慈禧太后勾结

咸丰六弟奕䜣发动北京政变, 捕杀肃顺,
令端华和载垣自尽, 斥革其他五人, 慈禧
太后与慈安太后 (咸丰皇后) 垂帘听政,
改年号为同治。

同治皇帝在位13年, 前12年由两宫太
后垂帘听政, 最后一年亲政。

同治皇帝在位期间, 慈禧任命奕䜣
为议政王、军机大臣协理朝政; 依靠曾国
藩、李鸿章、左宗棠等汉族地主领袖, 勾
结外国侵略势力, 实行借洋兵剿灭起义
军的政策, 先后镇压了太平天国、捻军、
苗民和回民起义军。同治三年 (1864年),
天京沦陷, 太平天国灭亡了。清王朝的统
治危机得以延缓, 清王朝得到了暂时的稳
定。于是, 慈禧太后采用洋务派 "自强" 和
"求富" 的方针, 开办一些新式工业, 训
练海军和陆军, 加强政权, 史称 "同治中
兴"。

同治一朝, 清廷推行了许多新政。

（一）设立总理衙门

总理衙门全称为总理各国通商事务衙门，一般称作总理各国事务衙门，它不仅掌管清廷与各国间的外交事务，而且管理对外贸易、海关税务、边疆防务、海军建设、新式工矿业，以及建新式学校、兴修铁路、矿务等，实际上相当于清廷的内阁兼外交部。

总理衙门下设独立公所，计有英、法、俄、美和海防五股等机构。其中俄国股兼理俄、日两国外交事务，英国股兼理奥地利交涉事务，美国股兼理美、德、秘鲁、意大利、瑞典、挪威、比利时、丹麦、葡萄牙各国外交事务，法国股兼理法国、荷兰、西班牙、巴西各国外交事务。后来，又增设了海防股，掌管南北洋海防。

总理各国事务衙门主要负责办理同西方有关的事务，兼办近代化事业，是中国走向近代化的一个标志。后来，又设立

了驻外使领馆。

(二) 出洋考察

清朝派员出国考察西洋, 始于同治五年 (1866年)。这年春天, 总税务司赫德要回国结婚, 向奕䜣请6个月假, 顺便建议清政府派人到西方去考察, 奕䜣同意了。当时官员听说要出国考察, 都不敢去, 而63岁的斌椿报名应征了。亲朋劝他说: "海上风狂浪险, 还是别去了。"甚至有人说: "你要步苏武后尘吗?"不管别人说什么, 斌椿决心亲自去试一试。

同治五年 (1866年)正月二十一日, 斌椿率三名同文馆的学生和负责照顾他的儿子广英一行离京从上海乘轮船出洋, 经过一个月零八天的航程, 到达法国马赛。他在欧洲考察了一百一十多天, 访问了法、英、荷兰、丹麦、瑞典、芬兰、俄国、普鲁士、挪威、比利时等国, 于九月十八日回

到北京。斌椿回国后，撰写了《乘槎笔记》，记录了亲眼所见，如火车、轮船、电梯、印刷机、蒸汽机、摄影机、起重机、抽水机、显微镜、幻灯机、电报等，还记述了欧洲博览会、大英博物馆、国家议院、近代报社、高等学院、兵工厂、纺织厂以及法国的凡尔赛宫、凯旋门等，反映了西方近代的科技与文明，使国人眼界大开。

（三）培养洋务人才，开办外国语学校、实业学堂、近代军事学校

同治朝开办的京师同文馆是我国最早的新式学校。清廷从京师八旗子弟中选出10名学生入馆学习，由英国传教士包尔腾担任教员。同文馆除聘请洋人教授外语外，还聘请徐树琳教授儒家经典。外

国教师年薪1000两
白银，汉文教员年
薪100两白银。同文
馆学生的膳食和文
具由政府承担，每月
另发10两白银作为
津贴。奕䜣还奏请在同文馆开设天文馆、
算学馆，学习西方科学，制造科学仪器。
当时，守旧的人说："学西方技术是舍本
求末，讲气节才是强国之本。"也有人说：
"设立同文馆将使中国传统丧失，令中国
官员士子向外人学习技艺，不仅是一大耻
辱，而且将使中国变为夷狄。"不久，北京
城里出现了一副对联："鬼计本多端，使
小朝廷设同文馆；军机无远略，诱佳弟子
拜异类师。"于是，有人称奕䜣为"鬼子
六"。更有甚者，有人将当年春旱说成是
天道示警，是奕䜣倡行西学所致，纷纷上
奏折要求同文馆停止招生。大学士、同治
皇帝的师傅倭仁也上书反对西学说："立

国之道，尚礼义不尚权谋；根本之图，在人心不在技艺。"又说："古往今来未闻有恃术数而能起衰振弱者。"他认为不必向外国学习，以中国之大，"必有精其术者"。奕䜣递上驳斥倭仁的奏折，说倭仁只知空谈，不切时务，如果听他的话，中国将会日益落后。英、法皆为小国，却几次打败中国，所恃者正是科学技术。朝廷一味因循敷衍，才一败再败。说到这里，奕䜣请倭仁保举"精其术者"，倭仁保举不出来，只好退让。由于两宫皇太后态度明朗，使攻击同文馆招生之风被压了下去。后来，上海、广州也开设了类似的学校，招收满、汉子弟入学，只开设外语课，请美国人做教师。

后来，同文馆聘请美国人丁韪良为总教习，开设化学、数学、天文、物理、国际法、外国史地、医学、生理学、政治经济学等课程，毕业年限改为8年，使同文馆具备了综合性高等学府的规模。该馆在

光绪二十八年（1902年）并入京师大学堂，培养了一大批精通西学的人才。

同治朝开设的新式学校还有江南制造局附设的机械学堂、福州船政局附设的船政学堂等。

（四）派留学生出国

容闳（1828-1912年），广东香山人，道光二十一年（1841年）进入澳门马礼逊教会学堂读书，家长想让他毕业后做买办。后来，该校美籍教员布朗回国时，容闳随他去了美国，成为近代早期留学生之一。他在美国先读中学，后入耶鲁大学攻读4年，于咸丰四年（1854年）获文学学士学位后回国。同治九年（1870年），曾国藩担任直隶总督时，容闳当了他的幕僚和译员。容闳多次向曾国藩建议派遣留学生出国学习，回来报效祖国。同年，清政府批准了曾国藩等奏请选派留学生的章程，决定派遣一百二十名十二三岁的幼童去美国留学,学习期限为十五年,在上海成立留学出洋局管理此事,并以陈兰彬、容闳为正副委员常驻美国,经管留学生事务。留学生年龄一般在12—16岁,出国前在上海培训。

同治十一年(1872年),首批30名幼童奔赴美国留学,史称"幼童出洋"。

从同治十一年到光绪元年,每年出国一批,每批三十人,共四批一百二十人赴美国留学。

幼童到了美国,成为美国新闻界的轰动事件。美国总统接见了他们,美国人争夸中国留学生聪明能干,彬彬有礼,并说

他们是中国的荣誉。

容闳主张把幼童分别安排在美国平民家庭中生活，美国教师、医生、绅士纷纷把中国幼童领到自己家中，对幼童关怀备至，为他们提供良好的吃住条件，关心他们的学习和生活。

这些留学生归国后，成为中国政界、军界、学界、工商界等方面的知名人物和科技骨干，为中国近代建设作出了巨大的贡献。

（五）大办"洋务运动"

曾国藩、李鸿章、左宗棠等在上海、南京、福州相继办起了近代军工厂，聘请洋人担任技术指导，这就是所谓的"洋务运动"。它包括办新式军用工业，编练新式军队，加强国防建设等。奕䜣强调学习"西学"，制造"西器"，其宗旨是"求强"与"求富"。

同治三年（1864年），清政府开办大型兵工厂，如江南制造局、金陵制造局、福州船政局、天津机器局、西安机器局等，共有二十多个。

江南制造总局是曾国藩与李鸿章共同创办的规模最大的军事工业。同治四年（1865年），李鸿章委托海关道员丁日昌买下设立在上海虹口的美商旗记铁工厂，将上海、苏州两个洋炮局搬到一起，成立了大型军事工业制造局。

同治六年（1867年），曾国藩提出在该厂制造轮船，在上海海关拨出两成关税作为造船经费。此后，工厂规模逐年扩大，增设了洋枪厂、洋炮厂、炮弹厂、火药厂、轮船厂、炼钢厂、子弹厂、水雷厂，并设有学校和翻译馆。同治七年，造船厂造出了第一艘轮船，取名"惠吉"。中法战争爆发前，该厂共造出15艘军舰。

金陵制造局是同治四年（1865年）李鸿章在两江总督任上办的。他把马格里主

持的苏州洋炮局迁到南京雨花台，并加以扩充，更名为金陵制造局，主要制造大炮和弹药。到光绪初年，该厂已有三个机器厂，还有火药厂、火箭厂、水雷厂。

福州船政局是同治五年（1866年）由闽浙总督左宗棠创设的造船厂，聘洋人分别任监督和副监督。该厂由炼钢厂、船厂和学堂三部分组成。工厂尚未建成时，左宗棠便被调往西北镇压回民起义去了。于是，该厂由福州船政大臣沈葆桢接办。同治八年（1869年），造出第一艘轮船，取名"万年青"。到同治末年，共造出15艘轮船。

这些军事工业引进了先进的科学技术和大机器生产，对吸收西方先进科学技术和科技人才培养起到了积极的作用。

据民间传说，同治皇帝生活荒淫，虽有许多后妃，却常常带着两个心腹太监，换上平民服装，偷偷溜出皇宫，到北京南城娼妓区去寻花问柳，夜不回宫。时间一长，染上了梅毒，同治皇帝病倒了。开始时浑身发烧，口渴，腰疼，小便不畅。太医摸不清是什么病，只当普通的感冒来治。一连几天高烧不退，又开始便秘，颈、背、腰等处出现紫红斑块。到同治十三年（1874年）11月，头部、面部都出现了紫色发亮的斑块，左颊的斑块抓破后渗出血水，面颊肿得厉害，上下嘴唇都朝外鼓着。腰部化脓外溢，很远能闻到一股令人作呕的恶臭。慈禧太后怕同治从镜子里看见自己的脸，会受到惊吓，便命太监将养心殿内所有的镜子都藏了起来，不便挪动的穿衣镜等则用红缎子蒙上。同治命人拿镜子，皇后阿鲁特氏等以病人不宜照镜子为由加以劝阻。为了维护皇帝的尊严，宫中对同治患梅毒之事多方掩饰，只说是出天花，还嘱咐太医按天花书写病历。

同治十三年十二月初五（1875年1月12日），同治皇帝死于养心殿东暖阁。

五、渐趋末世

（一）光绪皇帝

光绪皇帝载湉是同治皇帝的堂弟，咸丰皇帝的侄子。同治十年六月二十八日（1871年8月14日），载湉出生在宣武门太平湖畔的醇亲王府的柳荫斋，其父醇亲王奕譞是道光皇帝第七子，咸丰皇帝的弟弟，其母叶赫那拉氏是慈禧太后的妹妹。

同治病逝后，4岁的载湉在太和殿继位，成为大清国的第十一位皇帝。

其实，同治属于载字辈，本应从溥字辈中选择同治的继承人。但这样一来，慈禧就成了祖母辈，不能垂帘听政了。因此，她选中了同治的堂弟。慈禧权力欲极大，找个儿皇帝，再次创造了垂帘听政的机会。

入宫后的光绪经常受到慈禧的严辞训斥，没有母爱，只有烦琐的宫廷礼节。慈禧利用光绪来专权，把光绪当成她登上女王宝座的台阶。

人在幼年时都受到父母的呵护，即使是孤儿也会得到亲朋好友的照顾。因为光绪是皇帝，无人敢亲近他。光绪在孤独中长大，饮食寒暖没有人细心照料，没有童年的欢乐。

据传，光绪每日三餐，饭菜虽有数十种摆满桌上，但离光绪稍远的饭食大都已经腐臭，接连数日不换。靠近一点的饭

菜虽然尚未腐臭，但经过多次加热，早已不再可口。光绪虽为天子，还不如一个孤儿，以致身患痼疾，病弱得很。

光绪就是在这样不幸的环境中成长的，这是他的幼年时期。

光绪二年（1876年）四月二十一日，虚岁6岁的光绪帝开始在毓庆宫读书。师傅是内阁学士翁同龢和侍郎夏同善。翁同龢与夏同善是同榜进士，翁同龢主要教光绪读书，夏同善主要教光绪写字，另有御前大臣教满语、蒙语和骑射。

光绪读书很用功，并能把读书同做皇帝联系在一起，他在《乙酉年御制文》中写道："为人上者，必先有爱民之心，而后有忧民之意。爱之深，故忧之切。忧之切，故一民饥，曰我饥之；一民寒，曰我寒之。凡民所能致者，故悉力以致之；即民所不能致者，即竭诚尽敬以致之。"这一年光绪15岁，就想当一位有作为的爱民皇帝了。

光绪经过12年的读书生活，已到了亲

政的年龄。光绪十二年（1886年）六月初十日，慈禧皇太后降下懿旨，定于明年举行亲政典礼。

在光绪读书的12年里，国家发生了几件大事：

同治八年（1869年），慈禧太后宠幸的内监安得海违制出京，山东巡抚丁宝桢上报朝廷，慈安太后立即下令将其诛杀。从此，慈禧同慈安结了怨。光绪七年（1881年）三月初十日，慈安被慈禧毒死。原来，慈禧害了产后痨，医生薛福辰用了补药，效果很好。慈禧病愈后，慈安知道慈禧失德，便置酒感悟她。慈安保存着咸丰临终前给她的手谕，上面说如果慈禧跋扈，就用此谕诛杀她。慈安把这份手谕给慈禧看了，慈禧既惊讶又感激。慈安当着慈禧的面把这份手谕烧了。数日之后，慈禧请慈安到自己住的长春宫，并拿出点心招待她。慈安有午睡醒后吃点心的习惯，就吃了点心，连说"好吃，好吃！"慈禧说这是她娘家送来的。过了几天，慈禧派人送点心给慈安，点心里放了毒药。慈安吃了慈禧派人送来的点心后，腹痛恶心，骤然死去。慈安死后，没等娘家人来就入殓了。慈安死后，慈禧独掌了朝中大权。

自同治十二年（1873年）开始，法国侵略军不断进攻越南。当时，越南本为清朝附属国，法国企图先占领越南，再入侵中国广西，以实现其侵略中国的野心。

光绪九年（1883年），中法两军于河内决战，黑旗军先锋阵亡。法军于海上登陆，攻入越南都城顺化，强迫越南签订《顺化条约》，将越南变为法国的保护国。于是，中法战争爆发。清军失利，清廷不得不承认法国对越南的保护权，同意从越南撤兵。

光绪十年，清军撤兵期限未到，法军突然寻衅向清军大举进攻。光绪十一年，法军进攻谅山。爱国将领冯子材迎击法

军，与法军展开肉搏战，杀敌一千余人，取得镇南关大捷。法军大败后，法国内部一片混乱，法国平民走上街头示威游行，高呼口号，要打倒总理茹费理，反对法国政府继续进行不义之战，茹费理内阁被迫辞职。正当形势对中越两国有利之时，清廷却利用战胜之机向法国求和，派李鸿章与法国签订《中法合订越南条约》，承认越南为法国保护国；在中越边境划定通商点二处，法国货物进出广西、云南边界可减轻税率；中国如再建造铁路，须同法国商办。

于是，清廷不败而败，丧权辱国；法国不胜而胜，既夺占越南，又打开中国西南门户，侵略野心终于实现了。

光绪十一年（1885年），清廷正式建立台湾省，任命刘铭传为第一任台湾巡抚。刘铭传是安徽合肥人，为人忠勇，战功卓著。少有大志，青年从军，在淮军中勇冠三军，为诸将之首。他建议修铁路，

史称中国铁路之兴始自刘铭传。中法战争期间，加巡抚衔，督办台湾军务，率军英勇抵抗法军侵略。刘铭传为第一任台湾巡抚后，在台湾筑炮台，修铁路，架电线，发展经济、安定社会。死后赠太子太保，建祠祭祀。今台北市公园有刘铭传的塑像。

光绪十三年（1887年）正月十五日，光绪皇帝在太和殿举行大典，开始亲政，长达12年。

光绪临朝亲政后，53岁的慈禧表面退居颐和园颐养天年，实际上仍把持着国家政务。慈禧规定光绪每隔一天必须亲自向她奏报政务，听候训示。光绪经常披星戴月往来奔波于紫禁城和颐和园之间，十分辛苦。遇有重大事情，光绪还得随时请旨。光绪名为皇帝，实为傀儡。慈禧还安排自己的侄女隆裕皇后及亲信太监李莲英等人暗中监视光绪的行踪，随时向她汇报。

中法战争结束后，清政府成立了海军衙门。19世纪80年代末，清政府的海军有

北洋、南洋、福建、广东四支水师, 拥有大小70多艘军舰。其中北洋水师实力最强, 拥有军舰20余艘, 其主力舰皆购自英国和德国。

日本于明治维新后也建立了一支海军舰队, 把侵略矛头指向朝鲜和中国。

光绪二十年(1894年), 朝鲜发生东学党之乱, 日本趁机进占汉城, 击沉中国援朝的运兵船, 并攻击驻牙山清军。

光绪皇帝为维护国家尊严, 极力主战, 七月一日中日两国正式宣战, 爆发了甲午海战。

不久, 清军在甲午海战中战败, 不得已签订了《马关条约》, 割让辽东半岛、台湾、澎湖列岛及附近岛屿给日本, 赔偿日本军费二万万两白银, 这笔钱相当于清政府三年的财政总收入。由于帝国主义国家的干涉, 中国的辽东半岛总算保住了。

光绪皇帝眼见甲午战争给中国带来了巨大的痛苦和耻辱, 不甘作亡国之君,

一心想变法图强。他接受康有为、梁启超提出的建议，准备进行改革，提高中国的国力，成了维新派心目中的救世主。

为了把维新变法推向高潮，康有为、梁启超等人在北京出版《中外纪闻》，鼓吹变法。光绪二十二年（1896年），《时务报》在上海创刊，成为维新派宣传变法的舆论中心。光绪二十三年（1897年）冬，严复在天津主编《国闻报》，成为与《时务报》齐名的在北方宣传维新变法的重要阵地。光绪二十四年（1898年），谭嗣同、唐才常等人在湖南成立南学会，创办了《湘报》。在康、梁等维新志士的宣传、组织和影响下，全国议论时政的新风气逐渐形成，再也不是万马齐喑的局面了。

在维新人士的积极推动下，1898年6月11日，光绪皇帝颁布"定国是诏"诏书，宣布变法。新政从此开始，历时103天，史称"百日维新"。因这一年在中国阴历纪年上是戊戌年，所以也称戊戌维新或戊

戌变法。

在此期间，光绪皇帝根据康有为等人的建议，颁布了一系列变法诏书和谕令。其主要内容如下：

经济上，设立农工商局、路矿总局，提倡开办实业；修筑铁路，开采矿藏；组织商会；改革财政。

政治上，广开言路，允许士民上书言事；裁汰绿营，编练新军。

文化上，废八股，兴西学；创办京师大学堂；设译书局，派留学生；奖励科学著作和发明。

这些革新政令，目的在于学习西方文化、科学技术和经营管理制度，发展资本主义，建立君主立宪政体，使国家富强起来。

新政措施虽未触及封建统治的基础，但是，这些措施代表了新兴资产阶级的利益，为封建顽固势力所不容。清政府中的一些守旧官僚对新政措施阳奉阴违，托词抗命。慈禧太后在光绪皇帝宣布变法的第五天，就迫使光绪连下三道谕旨，控制了人事任免和京津地区的军政大权，发动政变，使变法夭折。

戊戌维新运动时期，康有为、梁启超、严复、谭嗣同等思想家明确提出，在改良风俗方面要学习西方。

严复指出，要实现变法，就必须鼓民力，开民智，新民德。而鼓民力、开民智、新民德的重要内容之一就是改变风俗。他在破除封建传统文化，大力引进西学的同时，十分重视破旧俗、立新风的工作。

谭嗣同对封建习俗进行了猛烈的批判，呼吁变衣冠，变风俗，创办时务学堂，发起成立不缠足会。

维新派提出："现今万国交往，一切趋于大同，如果中国一国衣冠独异，礼节特殊，则与外国情意不亲，邦交不结。落后的习俗甚至还会让外人鄙夷讥笑，影响对外交往。"

他们还指出，日本明治天皇和俄国彼

得大帝采取与欧美同俗的措施，取得了改革的成功，中国应该学习。

维新运动时期，各地创办了不少社会风俗改良团体，如不缠足会、戒鸦片烟会、延年会等，动员群众改变恶风陋习，取得了一定的效果。

在百日维新期间，维新派把移风易俗的措施，通过新政法令的形式，以光绪皇帝的名义颁布全国。例如：凡民间祠庙不在典册者，由地方官改为学堂，以便达到废淫祠、开民智的目的。乡试、会试及童生各试，过去用四书的，一律改试策论，一切考试均不用五言八韵诗，以讲求实学实效为主，不凭借楷书之优劣分高下。这对于改变中国知识分子的学习和生活方式无疑具有重要的意义。准许满人经营商业，使满人的寄生习俗得到改变。

由于维新人士在当局的支持下做了大量工作，一些过去不敢做、不能做的事情，如女子放足、女子上学等渐渐形成潮流。

　　与欧美同俗、断发易服、废跪拜礼等在当时看来是极其荒唐的主张也正式向政府提出来了，甚至鼓动得光绪皇帝也动了心，想要换掉满族服装，废掉跪拜大礼。

　　所有这些都为移风易俗作出了巨大贡献，是功不可没的。

　　变法危及封建守旧势力的利益，遭到以慈禧为主的贵族的阻挠。维新派把希望寄托在统辖新军的直隶按察使袁世凯身上，派谭嗣同深夜去见袁世凯，要他发动兵谏，协助光绪推行新政。袁世凯当时表示坚决忠于皇上，一定照办。但经过仔细权衡之后，认为后党力量强大，不能以卵击石，便去向慈禧的心腹荣禄告密。慈禧在颐和园得到荣禄密报后，立刻返回紫禁城。光绪料到事情败露，急忙派人送信要康有为等人从速逃命。

　　慈禧带光绪到议政堂，逼他写了退位诏书，将政权全部交给了慈禧。然后，光绪被慈禧关进南海中的瀛台，即荷花池

中央一座四开间的平房，和外边断绝了一切接触。他的宠妃珍妃则被慈禧关押在别处。

康有为、梁启超接到报信后，仓皇逃亡日本。谭嗣同等六位变法领袖被杀，戊戌变法宣告失败。这样，清王朝的一线生机被扼杀了。

变法失败后，光绪皇帝开始了长达十年的幽禁期。

慈禧认为光绪4岁进宫，由她费尽心血抚养成人，却不听话，搞戊戌变法和她作对。为此，慈禧很伤心，想废掉光绪。慈禧与荣禄商议后，决定立载漪之子溥儁为大阿哥，作为同治和光绪的继承人，取代光绪皇帝。

15岁的溥儁兼有爱新觉罗氏与叶赫那拉氏的血缘，因此被慈禧选中。

光绪二十五年（1899年）十二月二十四日，慈禧太后降懿旨，溥儁入继同治为嗣，号"大阿哥"。随后大阿哥在弘

德殿读书,师傅为同治皇帝的岳父、承恩公、尚书崇绮和大学士徐桐。光绪二十六年(1900年),慈禧决定举行光绪禅位典礼,改年号为保庆。这时,京师内外议论纷纷,大学士荣禄与庆亲王奕劻对慈禧说:"各国公使有异议,各种势力也都反对,此事还是暂停吧。"慈禧听了这话,只得作罢。

光绪被囚于瀛台,由慈禧的四名亲信太监监视着。他或坐在露台上,双手抱膝忧愁哀伤,或倒在木床上冥思苦想。在太监的监视比较松懈时,他就偷偷地记日记。这样,差不多被关押了整整两年,便

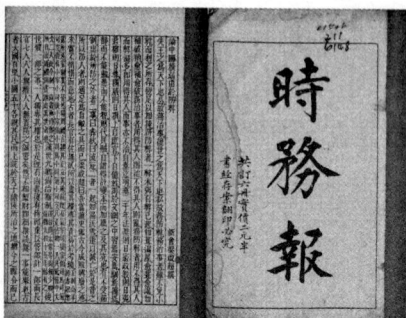

爆发了义和团运动。

光绪二十六年（1900年），中国北方爆发了以"扶清灭洋"为口号的义和团运动，大阿哥的父亲载漪支持义和团，认为义和团是义民。这年五月，载漪出任总理各国事务大臣。不久，日本使馆书记杉山彬、德国驻华公使克林德被义和团所杀，义和团又围攻东交民巷使馆。这年七月，英、俄、法、德、美、日、意、奥匈等八国联军进逼京师，慈禧太后同光绪等一行离京西逃，载漪、溥儁父子也随驾西行。临行前，慈禧命总管太监崔玉贵将珍妃推入东华门内的一口水井内活活淹死。

慈禧逃到大同时，任命载漪为军机大臣。这年十二月，慈禧为了同八国联军议和，开始下令屠杀义和团。慈禧认为载漪是这次事变的罪魁祸首，便夺其爵位，遣戍新疆。

光绪二十七年（1901年）九月七日，清政府在北京与各国签订条约，赔款白银四亿五千万两。史称这个条约为《辛丑条约》，共十二款，是条约中最为苛刻的。条约签订后，八国联军撤军。在回京途中，慈禧认为载漪纵容义和团，获罪祖宗，其子溥儁不宜再做皇储，宣布废除"大阿哥"名号。溥儁归宗，仍为载漪儿子。

光绪二十八年（1902年）一月，光绪又被慈禧带回北京，仍然被囚禁在瀛台，一直到死，长达六年。光绪三十四年（1908年），光绪病逝。第二天，慈禧皇太后也病逝了。

（二）宣统皇帝

宣统皇帝溥仪是清朝第十二位皇帝，是清军入关后的第十位皇帝，也是中国最后一位皇帝，年号宣统。光绪三十二年正月十四，溥仪生于北京什刹海醇亲王府内，为醇亲王载沣的长子。

光绪三十四年（1908年）十月，慈禧太

后和光绪同时生了重病。在光绪皇帝临死前一天，慈禧太后也行将不起，由于光绪皇帝无后，慈禧太后在中南海召见军机大臣商量立储人选，军机大臣认为在内忧外患之际当立年长之人。慈禧太后听后勃然大怒，最后议定立3岁的溥仪为帝，并让溥仪的亲生父亲载沣监国。大臣将此事告知光绪皇帝后，因为溥仪是他的亲侄子，又让自己的亲弟弟监国，光绪皇帝十分满意。

载沣有两位福晋，共有四子。嫡福晋姓苏完瓜尔佳氏，名幼兰，大学士、军机大臣荣禄之女、慈禧太后的养女，光绪二十八年（1902年）与载沣完婚，生有两子——长子溥仪，次子溥杰。

慈禧皇太后于十月二十日降懿旨由溥仪继承皇位，醇亲王载沣入宫领旨。当天傍晚，载沣同军机大臣、内监回府，要将溥仪迎入宫中。这时，府里发生了一场大混乱。这边老福晋不等听完懿旨就昏过去了，王府太监、仆妇和丫头们灌姜汁的灌姜汁，传大夫的传大夫，忙成一团；那边又响起溥仪的哭叫声和大人们的哄劝声。摄政王手忙脚乱地跑出跑进，一会儿招呼随他一起来的军机大臣和内监，叫人给孩子穿衣服，忘了老福晋正昏迷不醒；一会儿被叫进去看老福晋，又忘了军机大臣还等着送未来的皇帝进宫。折腾了好大一阵子，老福晋苏醒过来，被扶到里面歇息去了。这里未来的皇帝还在"抗旨"，连哭带打地不让内监抱他。内监苦笑着看军机大臣怎么吩咐，军机大臣则束手无策地和摄政王商量办法，可摄政王只会点头，什么办法也没有。后来，多亏溥仪的乳母见溥仪哭得可怜，赶忙给溥仪喂奶，他才止住了哭叫。军机大臣和载沣商量了一下，决定由乳母抱载沣一起去中南海，再交由内监抱溥仪去见慈禧皇太后。

溥仪从出生到3岁离开王府前，一直在祖母刘佳氏的抚育下。按醇王府的府

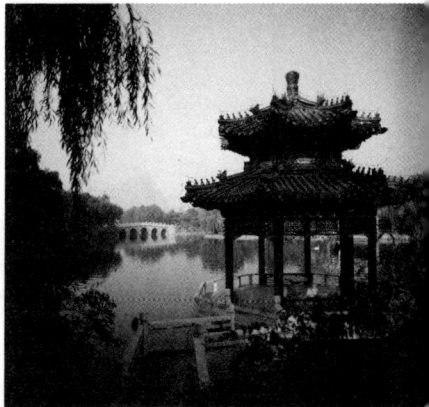

例, 头生孩子满月后要离开生身母亲, 归祖母抚育, 第二个孩子则由生身母亲抚育。因此, 溥仪满月之后, 就在祖母刘佳氏膝下抚育。祖母非常疼爱溥仪, 每夜都要起来一两次看溥仪。她看溥仪时连鞋都不穿, 怕木底鞋的响声惊动了溥仪, 这样一直抚育到3岁。听说孙子入宫, 再也见不到了, 能不昏过去吗? 慈禧太后让溥仪进宫的懿旨, 改变了溥仪一生的命运。

溥仪进宫后, 第二天光绪皇帝就死了。溥仪一会儿由太监抱着到光绪灵前磕头哭祭, 一会儿又由宫女抱着到慈禧病榻前叩头祈福。溥仪面对光绪的遗体, 也面对慈禧的病体, 在陌生、寒冷与悲哀的气氛中受着折磨。第三天, 慈禧皇太后也死了。光绪灵柩停在乾清宫, 慈禧灵柩停在皇极殿。两人同时受祭, 宫中一片悲戚。

十一月初九, 溥仪登基大典在太和殿举行。溥仪被太监折腾了半天, 加上那天天气奇冷, 因此当太监把溥仪抬到太和

殿，放到又高又大的宝座上时，早超过了他的忍耐限度。载沣单膝侧身跪在宝座下面，双手扶着溥仪，叫他不要乱动，他却挣扎着哭喊："我不在这儿，我要回家！我不在这儿，我要回家！"父亲急得满头是汗。文武百官的三跪九叩大礼没完没了，溥仪的哭叫声也越来越响。载沣只好哄溥仪说："别哭，别哭，快完了，快完了！"

典礼结束后，文武百官窃窃私语："怎么可以说'快完了'呢？""说'要回家'是什么意思？"大家议论纷纷，垂头丧气，都认为这是大清王朝的不祥之兆。果然，不出三年，清朝便完了。后来，溥仪真的回了满族人的东北老家。当然，这都是巧合。

溥仪继位后，由光绪皇后隆裕和溥仪父亲载沣摄政，第二年改年号为宣统。

为了推翻腐朽的满清王朝，早在光绪二十年十月（1894年11月），孙中山就在美国檀香山成立了兴中会。次年2月，孙中

山在香港建立兴中会总部，宣布要驱除鞑虏，恢复中华，创立合众政府。

光绪二十九年（1903年）11月，黄兴建立华兴会。接着，上海成立了以蔡元培为会长的光复会，江苏、四川、福建、江西、安徽等省也都建立了革命团体。

团结起来才有力量，为了推翻满清这一共同目标，兴中会、华兴会、光复会联合起来，形成了一个统一的革命团体，取名为同盟会。

为了推翻清朝，同盟会发动了多次武装起义，虽然都失败了，但有力地冲击了清王朝的统治。为了消弭革命，清廷表示愿意分权于国人，推行君主立宪制。光绪三十一年（1905年）7月，清廷派载泽等五大臣出洋考察，于次年9月宣布预备立宪。资产阶级以为参政有望，纷纷成立立宪团体，从事君主立宪活动，准备参预政治。但是，满洲亲贵对立宪并不热衷，光绪三十四年（1908年），清政府颁布《钦定宪法大纲》，规定大清帝国万世一系，同时宣布立宪以九年为期。

溥仪继位后，摄政王载沣采取集权措施，积极推行由皇族独揽国家大权的政策，激化了满洲亲贵和汉族官僚之间的矛盾。

宣统二年（1910年），国会请愿同志会在北京连续发起国会请愿运动，要求清政府从速召开国会，推行君主立宪。

宣统三年四月（1911年5月），清政府发布内阁官制，成立以庆亲王奕劻为总理的皇族内阁。立宪派分享政权的希望完全落空，于是抛弃了对清廷的幻想，开始同情革命了。

摄政王不肯向国人让权，却向帝国主义让权，竟将国民已经购买了股份的铁路修筑权让给了帝国主义。

1911年5月，湖北、湖南、广东、四川等省人民强烈反对清政府出卖铁路修筑权给帝国主义，掀起了轰轰烈烈的保路

运动。四川保路运动波澜壮阔，到这年9月时，四川保路风潮发展为全省抗粮抗捐，群众暴动接连发生。四川总督赵尔丰在成都逮捕保路同志会和川路股东会的负责人，并枪杀请愿群众数十名，造成流血惨案。

同盟会员龙鸣剑等和哥老会组织起保路同志军，拿起刀枪，转战各地，攻城夺地，进围成都，猛烈冲击了清政府在四川的统治，成了辛亥革命的导火线。

趁清政府全力应付四川保路运动之机，湖北新军发动武昌起义，揭开了辛亥革命的序幕。宣统三年（1911年）9月下旬，武昌革命党人决定于10月6日中秋节那天发动起义，后由于形势瞬息万变，起义推迟到八月十八日（10月9日）。不料，在预定起义的那天，共进社负责人孙武在汉口装配炸弹时不慎爆炸，湖广总督下令关闭城门，严密搜查，汉口和武昌的起义指挥机关遭到破坏，一些起义领导人

被捕或被杀，有的则藏匿起来。

在这种情况下，新军中革命士兵开始主动行动。10日晚7时，武昌城外的辎重营和城内工程第八营几乎同时起义，各营纷纷响应，经一夜苦战，于11日清晨占领总督府，武昌全城光复，首义成功。接着，汉阳、汉口也先后被革命军占领。

11日，起义士兵聚集到湖北咨议局，在咨议局议长汤化龙等人的参与下，宣布成立中华民国湖北军政府。由于起义领导人被捕或被杀，有的已经藏匿起来，未能亲身参加起义，缺乏政治经验的起义士兵不知如何掌握政权，便持枪逼迫清朝湖北新军协统黎元洪担任湖北军政府都督。

黎元洪就任湖北军政府都督后，发布文电号召全国各省为推翻清朝建立民国

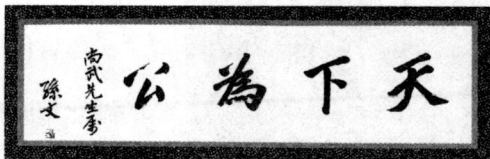

而奋斗。

武昌起义的胜利立即在全国引起了连锁反应，各省革命党人纷纷行动起来。至11月底，全国已有14省宣告独立，脱离了清政府。

武昌起义之后，立宪派纷纷表示赞成革命，从而加速了清政府的崩溃。

革命胜利的消息传到北京后，清廷极为震惊。10月27日，因清廷调动不了北洋军，只得起用北洋军阀袁世凯为钦差大臣，授予他平乱全权。11月1日，北洋军攻陷汉口。同日，摄政王载沣宣布解散皇族内阁，交出全部军政大权给袁世凯，让他出任内阁总理大臣。

黎元洪等人过低地估计了袁世凯的力量和自身的困难，企图利用袁世凯和清朝贵族之间的矛盾，把推翻清朝的希望寄托在袁世凯身上。

各省代表于11月下旬议决承认武昌的湖北军政府为中华民国中央军政府，由

黎元洪执行中央政务。接着，14省代表会议在汉口英租界召开，筹备成立中央临时政府。

11月27日，汉阳也被袁世凯攻陷。

12月1日，交战双方议定停战三天，此后双方又议定各派代表在一起讨论大局。

12月2日，江浙革命联军攻克南京，代表会议决定以南京为中央临时政府所在地，14省代表随即自武汉转移到南京。

12月18日，袁世凯的代表唐绍仪和革命军政府的代表伍廷芳在上海开始和谈，伍廷芳表示只要袁世凯逼清帝退位，可以推举他为国家首脑。

正在这时，同盟会总理孙中山于12月25日从海外归来了。29日，17省代表会议以16票的绝对多数选举孙中山为临时大总统。1912年元旦，孙中山到南京就职，发布《临时大总统宣言书》《告全国同胞书》，正式宣告中华民国诞生。1月2日，通

电改用阳历。3日，选举黎元洪为副总统，确定临时政府组成人员，中华民国临时政府成立。28日，又成立了南京临时参议院。

以孙中山为首的南京临时政府包括革命派、立宪派和旧官僚三种政治势力，宣布独立的各省军政府大多由立宪派和旧官僚操纵，南京临时政府和身为临时大总统的孙中山手中无兵，对他们不能行使中央政府的权力，孙中山的许多正确主张都遭到反对。

当时，袁世凯手中掌握着北洋军，举足轻重。南京临时政府成立后，袁世凯感到大总统的位置难以到手，立即撤销议和代表，继续用兵。帝国主义列强拒不承认南京临时政府，并准备武装干涉。在内外交困的情况下，孙中山被迫退让。1月22日，孙中山声明只要清帝退位，袁世凯宣布赞成共和，即向临时参议院推荐袁世凯担任临时大总统。

袁世凯是个有野心的人，为了当大总

统，连懵带吓，逼隆裕太后在退位诏书上签了字。宣统三年十二月二十五日（1912年2月12日），袁世凯以清廷的名义颁布了宣统皇帝的退位诏书："前因民军起事，各省响应，九夏沸腾，生灵涂炭。特命袁世凯遣员与民军代表讨论大局，议开国会，公决政体。两月以来，尚无确当办法。南北暌隔，彼此相持。商辍于途，士露于野。徒以国体一日不决，故民生一日不安。今全国人民心理，多倾向共和。南中各省，既倡议于前；北方诸将，亦主张于后。人心所向，天命可知。予亦何忍因一姓之尊荣，拂兆民之好恶。是用外观大势，内审舆情，特率皇帝将统治权公诸全国，定为立宪共和国体。近慰海内厌乱望治之心，远协古圣天下为公之义。袁世凯前

经资政院选为总理大臣，当兹新旧代谢之际，宜有南北统一之方，即由袁世凯以全权组织临时共和政府，与民军协商统一办法。总期人民安堵，海宇乂安，仍合满、蒙、汉、回、藏五族完全领土为一大中华民国。予与皇帝得以退处宽闲，优游岁月，长受国民之优礼，亲见郅治之告成，岂不懿欤！"

这样，统治中国二百多年的清朝灭亡了，延续两千多年的帝制也随之结束了。

袁世凯如愿以偿，当上了大总统。年仅6岁的溥仪移居养心殿，整天只知道贪玩，不明白隆裕太后为什么整日以泪洗面，更不明白自己已经成了亡国之君。